職務分析・職務評価の基礎講座

同一労働同一賃金を実現するために

西村聡 著

労働新聞社

は じ め に

　私は、2004年に「役割等級人事制度導入・構築マニュアル」（日本法令）を上梓しました。その当時、既に「役割給」と言われていたのですが、その多くは職能資格制度の延長線上のものが多く、また管理職のみを対象としたものが流行っていました。その後しばらくして、職能資格制度を補うものとしてコンピテンシーが導入されたのもこの時期でした。ただ、私自身は元々職務分析を研究していたため、このような流れに違和感を抱いたこともありますが、職務等級制度が否定的に捉えられていたことからも、仕事（職務）基準であっても役割等級人事制度と称して今日に至っています。したがって、本書で解説する事項に関しては、1999年ぐらいから実践をしてきたもので、セミナー等では様々な演習を活用しながら、理解を深めていただくよう進めてきています。

　仕事基準の人事制度を理解していただくために、これまでセミナーや講演会などを苦労しながら20年近くやってきていますが、日本というのはちょっと特異な国で、世界で唯一の能力主義賃金、結果として年功賃金という人を中心とした人事制度を運用しています。このため、仕事（職務）基準といっても、なかなか理解されてきませんでした。これは、人を中心に組織をマネジメントする日本の特徴でもありますが、「職務（組織機能）＝仕事」を中心にマネジメントすることはどうやら不慣れなようです。しかしここに来てやっと、働き方改革、同一労働同一賃金のガイドラインが政府から示され、職務基準、職務給というものを、少しでも勉強してみようという方が増えてきています。

　また、不思議なことに、仕事基準の人事制度というのは、景気が悪くなると合理化のための制度として評価され、景気が良くなってくると忘れられるという歴史を繰り返しているようです。これらの理由から、日本にこの制度を定着させることは難しいというのが私の実感です。

　ただ、今後ますます進んでいく少子高齢化による人手不足は大きな問題であり、長期にわたって先進国の中で最下位の日本の労働生産性を向上させる策を真剣に講じなければ、正規社員と非正規社員の格差是正どころの話では

なく、正規社員の雇用や処遇について厳しい対応を迫られることになることは誰もが予測がつくことです。また、労働生産性の向上策は働き方改革だけで実現できることでないことは確かですが、日本が労働後進国であることをしっかりと自覚したうえで、付加価値を高めるための職務のあり方を真剣に見つめ直す最後の時機と感じています。

　本書を通じて、少しでも「職務給」への理解が進み、日本の労働生産性が向上し、後世世代に繁栄の道筋ができることを願ってやみません。

2019年11月

西村　聡

※なお、本書の内容は、2019年2月の労働新聞社主催「職務基準の賃金の理解と設計および運用方法」セミナーを書き起こし、加筆修正したものです。

INDEX

第1章　人事制度の基軸と賃金制度の基本を理解しよう……………… 7

今後、日本企業で必要な人事改革とは何か　7／職務基準での「職務」とは何か？　8／労働生産性の向上と賃金格差の是正　10／「働き方改革実行計画」の矛盾　12／仕事に見合う権限と義務を明確にすることが重要　14／まずは「職務分析」をやってみる　18／なぜ「能力で評価する人事システム」となってしまうのか　19／「多様な働き方」の実現には職務分析が必要　21／「短時間・有期雇用指針」が求める内容　22／同一労働同一賃金が目指すべきものは　27／仕事の洗い出しが必要な時代になる　28／ガイドラインにどう対応するか　29／ジョブ型組織とメンバーシップ型組織の違い　31／「見えない」能力で人を評価することはできない　34／能力基準（職能資格制度）と仕事基準（職務・役割等級制度）の違い　35／人事評価は業績評価で行う　37／人材・雇用のミスマッチ解消には人材の流動化が必要　38／成果主義人事制度の失敗に学ぶ　39／業績を上げるための行動を科学する　41／熟練者の仕事を分析し素人化する　43／2・6・2の法則　44／職務等級制度だからこそ育つプロ　45／散髪屋の仕事で考える「職務」とは　46／アメリカにおける職務給制度の発展　49／職務の定義とは　51／海外の職務給は労働市場で決まる　52／職務評価には4つの方法がある　53／内部公正、個人間の公正、外的公正の原則　54

第2章　同一労働同一賃金を実現するため「職務分析」を理解しよう… 57

職務分析の基本的性格　57／職務評価への利用を念頭にした職務分析　59／職務分析で明らかにすべきもの　61／職務調査票の作成方法　63／職務調査票に書く要領　64／職務調査票の例　65／プロセス展開表の記入方法　66／プロセス展開表を作成して分かること　68／仕事を「見える化」し業務を

見直す 69／制度を変えることで業績を上げる！ 71／あるべき姿のプロセス展開表に作り変える 71／あるべき姿のプロセス展開表で重要なこと 73／改善・革新レベルのプロセスを入れ込む 74／あるクレジット会社のプロセス改革 76／職務分析と従業員の習熟度 79／職務評価とは何か 80／職務評価のやり方 81／点数法の具体的なやり方 83／職務分析と業務改善 87／業務改善にプロセス展開表を活用する 89／職務分析と目標管理・人事考課制度 92／職務基準の賃金（職務給）の成り立ち 95／「一人前理論」と賃金と仕事のバランス 99／職務給は賃金が上がらない？ 100

資　料

資料1　プロセス展開表（様式）　102
資料2　プロセス展開表（例：病院総務人事部）（抜粋）　104
資料3　職務調査票（例）　110
資料4　職務調査票（例：大学キャリアセンター）　111
資料5　プロセス展開表（朝起きて、家を出るまで）　112
資料6　役割基準書（例：病院総務人事部）　114
資料7　職務評価基準　116
資料8　職務記述書　118
資料9　間接部門の業務改善事例　119
資料10　プロセス展開表（例：資材課倉庫G）　128
資料11　目標体系図（例：資材課倉庫G）　132

第1章

人事制度の基軸と賃金制度の基本を理解しよう

今後、日本企業で必要な人事改革とは何か

　現在（2019年3月時点）は人手不足になるほどの好景気ですが、大企業だけの話のようにも感じます。中小企業が好景気かというと、どうもこれを実感できてないのが正直なところではないでしょうか。大企業からの値下げ要求が止まっただけかもしれません。関西地域に本社がある私の指導先では、販売価格は一向に上がってきません。やっとここ数年の経済政策で物価が2、3年上がり続けていますが、原材料が上がっている数パーセントだけでも、得意先に値上げをお願いしようか、という状況です。この状況下、中小企業においては、人手不足の上、最低賃金の上昇やいわゆる官製春闘による賃上げなど、利益を圧迫するような事態が起こっており、増える筈であった利益が、これを維持するのが精一杯という状況です。加えてオリンピック後の景気への不安感から、建設業などでは既に早期退職の準備をしているという話をよく耳にするようになりました。このため、厳しめの人事制度を構築しておいて2020年を迎え、いざという時に運用できるようにしている企業もあるようです。これに合わせて、働き方改革への対応も迫られ、これに関連する裁判例も出てきており、人事制度改革をしていかなければならない時期になっています。

　社会環境的にも、少子高齢化で人手不足です。外国人を技能実習生としてだけでなく、正規で採用している会社も多く出てきました。ある中堅ソフトウェア開発会社では、ここ2、3年でミャンマー人（全員日本語検定N1、N2取得者）

を60人程度採用しましたが、「現在残っているのは10人」、さらに「その中でも戦力になるのは1人」と嘆いているほど、外国人を戦力化するのは難しいようです。しかし、どこの中小企業も少子化、人手不足解消のため、何とかこの外国人雇用を成功させないといけないという状況になっています。

　それから、高齢化による介護問題です。企業では介護離職が増えてきています。実際に、ここ2、3年で、ある会社では3人程度、40歳前後ぐらいの男性従業員が辞めるという話があり、事情を聞くと、「自分（従業員）の親も病弱で、おじいちゃん、おばあちゃんの介護が必要になった。できるのは私しかいない」ということでした。さらに、現在4人に1人ががんになると言われていて、当然、現役世代も含まれます。

　こういった問題に対応するためにも、さまざまな就業ニーズに沿った雇用環境を整備していかなければなりません。ありとあらゆる対応が、これからの人事制度に集約されていかなければならないことになってきます。このためにも、職務基準の人事制度が求められています。

職務基準での「職務」とは何か？

　そこで職務基準というところの「職務」とは何なのかということをまずしっかりと理解しておかなければなりません。職務とは「三面等価の原則」、つまり、やらなければいけない義務（職責＝ responsibility）、そのために持たさなければいけない権限、そして、その義務を実現したときにどんな成果が出るのかという結果責任（accountability）。会社がこの三つをしっかりと従業員に認識させなければ、職務は明確になっているとは言えません。これまでの能力主義管理の中で職務を曖昧にしてきた日本では、職責と結果責任がつながっていないため「職責（義務）＝能力＝結果」となっていません。

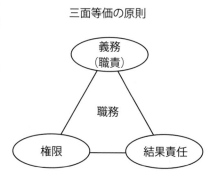

三面等価の原則

多くの人間は自ら進んで働くことはないという実情や、目まぐるしく変化する経営環境に対応するために、組織は個々の職務を明らかにできる職務基準の人事制度を構築、運用する時代がやってくることは間違いありません。しかし、海外では過去から当たり前の話なのです。まず、職責には、明確な執務基準があります。これには、量的基準、質的基準、時相基準そして方法基準があり、理論的に押さえておくべきことです。しかし、これを十分に認識できていないことが、人事制度が業績とは関係ないと考えてしまうことにつながっているように思います。

そもそも職責には、明確な4つの執務基準が必要で、その内容は次の通りです。

職責の執務基準
①どれだけの量を仕上げなければならないか（量的基準）
②どれだけの正確さ、出来栄えに仕上げなければならないか（質的基準）
③いつまでに、またはどれだけの時間の範囲で仕上げなければならないか（時相基準）
④どのような方法でなされなければならないか（方法基準）

なお、政府から同一労働同一賃金ガイドラインが示された理由は、多くの日本企業が職務等級制度ではないからです。職能給あるいは年功給が主となっている日本で、どうすれば正規社員と非正規社員の賃金格差を解消していけるかについて、ガイドラインに書かれているのですが、職務等級制度をしっかりと理解さえしておけば、この解釈に迷う必要はありません。さらに、今後は賃金格差についても明確に説明しなければいけないという義務が発生します。つまり、職務等級制度であろうが、職能資格制度であろうが、従業員に対してどういう仕事をさせるのか、そして、評価はどのようにしているのかということも含めて、賃金格差についても明確に説明しなければいけないという義務が発生します。しかし、職務等級制度を正しく構築、運用していれば比較的簡単にできます。そのためには、しっかりとした基準作りが大切になってきます。この基準作りの方法さえ理解していただければ、目標管理や人事考課制度のあり方

まで理解していただけるだろうと思っております。

労働生産性の向上と賃金格差の是正

　次にOECDの加盟諸国の労働生産性をみてみます。日本の労働生産性は27位とどんどん落ち込んで行っています。製造業は14位ぐらいですが、先進7カ国の中では最下位です。サービス業はさらに生産性が低いということもあり、この生産性の向上が日本経済再興のための大きな課題であり、何としても解決しなければならないことです。当然、労働生産性を上げなければ、賃金も上がりませんから、生産性を上げていく施策をしなければいけません。そこで働き方改革という政策が展開されています。労働生産性が向上すると、人手不足の解消もできるかもしれません。

　また、今後も高齢化がどんどん進展していきますし、求人倍率は少子高齢化による人手不足のため当然上がっていきます。近年、好景気による人手不足の中、多くの会社は初任給を毎年上げている状況です。今や関西では、大卒21万円が当たり前です。首都圏あるいは地方でも業界によっては22万円を超える企業もあるようです。ただ入社しても即戦力にならず、当面は生産性に貢献できない人になぜこれほどまでに払わないといけないのかという疑問はあります。

　しかし、賃金が労働市場における需給の関係で決まることも事実です。過去において、日本は初任給が低過ぎたこともありますので、今はそれが是正されているのかなとも思います。これに関して、即戦力になるような高等教育や職業訓練制度などの社会基盤の整備が求められるところです。

　そして女性の活躍です。出産育児で離職した女性が、単にパートタイム労働者として復帰するのではなく、同じ会社に復帰するとき、再び同じ仕事を同じ条件でできるような社会、職場づくりが求められます。

　それから賃金格差の問題です。低所得者層が増加してくると、社会全体の消費が上向いてきません。このため今回のガイドラインで言えば、非正規社員の処遇をどう上げていくのか、正規社員との格差をどう根拠をもって埋められる

のかということがテーマに挙げられています。ただ、ガイドラインには、正規社員が職能資格制度、非正規社員が職務等級制度という全く異なる基準の制度が運用されていることへの対応や、正規社員間の格差について問題として挙げていないことに大きな違和感を覚えます。

　ここで少し実態に目を向けると、「実は非正規社員が大多数になっているので、非正規社員の賃金を上げてしまうと大変なんです」という中小企業の方が数多くいます。特に地方の中小企業は顕著で、非正規社員を監督者として働かせているような会社もあります。そして現在、多くの非正規社員の賃金は最低賃金程度になっているので、正規社員と同様に手当などを払ってしまうと、コストアップになり経営は持たないことを危惧しながら「当分は静かにしておこう」というのが経営者の本音のようです。

　資金に余裕がある大企業では非正規社員に手当を支給したり、時給を上げたりしています。資金がある企業はできますが、そうでない企業はできません。こうなると、正規社員の賃金原資に手を付けざるを得ません。要は、正規社員の賃下げということになります。ましてや巷で噂されているように、もし2020年以降、景気が悪化するのであれば、大手企業でも「そんな資金がどこにあるのか」ということになるでしょう。正規社員と非正規社員というよりも、正規社員の賃金自体を見直さざるを得ない時代がやってくるように思います。

　あとは、無期転換社員の労働条件は有期契約のときの、つまり転換直前のままになっているケースが多いようです。今の法制度の中では文句の言いようがないのですが、今回の法改正で、仮に非正規社員の賃金が、もしかすると無期転換社員よりも高くなった場合に、いずれ社内でもめることになるでしょう。日本の賃金格差は、社内的には正規社員と無期転換あるいは無期雇用フルタイム社員、正規社員と非正規社員、社会的には中小企業と大企業の差などが数多くあり、格差だらけなのです。

　私は、賃金の格差を否定するつもりはありません。賃金が労働の対価である以上、格差があって当然だと思っています。問題は、その格差は公正なのかということです。「同じ仕事しているにも関わらず、なんで賃金がこんなに違うのですか。それは絶対に不合理です。もっと言えば差別じゃないですか！」というのが、欧米の、特に西欧のスタンスです。しかし日本は、不合理でなけれ

ば特に問題とはしないという、非常に曖昧で消極的なスタンスです。

　ただ、今の働き方改革は、賃金の格差の解消というよりは、非正規社員の賃金を底上げし景気を良くしていこうという経済政策的側面が叫ばれているのですから、これをどう実現していくかが最も重要です。つまり、労働生産性をどう向上していくかが問題となります。

「働き方改革実行計画」の矛盾

　2018年3月に発表された政府の「働き方改革実行計画」について、この内容に私は非常に矛盾を感じています。本来は、同一労働同一賃金を職務給以外で語ることはあり得ません。職能給は日本だけであり、この制度の下、格差を認め拡げてきたのが現実です。このため、今回の施策で今後、同一労働同一賃金が本当に成立するのかについては甚だ疑問です。能力という見えないものを評価対象にしながら、本当に同一労働同一賃金（賃金格差の是正）が成り立つでしょうか。日本以外で賃金といえば、職務給、職種給であり、同一労働同一賃金というのは、昔から当たり前なのです。

　このため、そうでない日本でどういうふうに賃金体系を整理していくかということで、実行計画には「我が国の場合、基本給をはじめ、賃金制度の決まり方が様々な要素が組み合わされている場合も多いため、同一労働同一賃金の実現に向けて、まずは、各企業において、職務や職能等の明確化とその職務や能力等と賃金等の待遇との関係を含めた処遇体系全体を労使の話し合いによって、それぞれ確認し、非正規雇用労働者を含む労使で共有することが肝要である」と書かれています。この中に、「各企業において、職務や能力の明確化」とあり、今後、説明義務が発生しますので、このために明確にしておきなさいということです。ただ、これをさらに読み進めていくと、「職務や能力等の明確化と公正な評価については、法制度のみでなく、年功ではなく能力で評価する人事システムを導入する」と出てきます。

　この箇所を解釈するにあたって違和感を抱く方であれば、職務等級制度を既にご存じといえます。

> **働き方改革実行計画**
>
> 　　　　　　　　　　　　　　　　　　　　　　　　　平成29年3月28日
> 　　　　　　　　　　　　　　　　　　　　　　　　　働き方改革実現会議決定
>
> 　同一労働同一賃金の導入は、仕事ぶりや能力が適正に評価され、意欲をもって働けるよう、同一企業・団体におけるいわゆる正規雇用労働者（無期雇用フルタイム労働者）と非正規雇用労働者（有期雇用労働者、パートタイム労働者、派遣労働者）の間の不合理な待遇差の解消を目指すものである。
> 　賃金等の処遇は労使によって決定されることが基本であるが、我が国においては正規雇用労働者と非正規雇用労働者の間には欧州と比較して大きな処遇差がある。同一労働同一賃金の考え方が広く普及しているといわれる欧州の実態も参考としながら、我が国の労働市場全体の構造に応じた政策とすることが重要である。
> 　我が国の場合、基本給をはじめ、賃金制度の決まり方が様々な要素が組み合わされている場合も多いため、同一労働同一賃金の実現に向けて、まずは、各企業において、職務や能力等の明確化とその職務や能力等と賃金等の待遇との関係を含めた処遇体系全体を労使の話し合いによって、それぞれ確認し、非正規雇用労働者を含む労使で共有することが肝要である。
> 　同一労働同一賃金の実現に向けては、各企業が非正規雇用労働者を含む労使の話し合いによって、職務や能力等の内容の明確化とそれに基づく公正な評価を推進し、それに則った賃金制度など処遇体系全体を可能な限り速やかに構築していくことが望まれる。その際、ベンチャーや中小企業については、職務内容が複層的又は流動的であることも勘案し、労使の話し合いにより処遇体系に工夫をしていくことが望ましい。
> 　職務や能力等の明確化と公正な評価については、法制度のみでなく、年功ではなく<u>能力で評価する人事システムを導入する企業への支援</u>や、様々な仕事に求められる知識・能力・技術といった職業情報の提供、技能検定やジョブカード等による職業能力評価制度の整備などの関連施策と連携して推進を図っていく。

※下線は筆者

　なぜかというと、職務等級制度は、既に能力を媒介にして職務を評価しており、職務を遂行する労働者の能力を今さらながらに評価する必要性はありませ

ん。個々の仕事にはなぜ難易度が付くのでしょうか。AとBという仕事は、どちらが難しいのかを考える場合、その難しさを何で評価しますか。遂行するのに必要な様々な知識や能力、習熟・経験ということを含めて、仕事の難易度を評価しているわけです。つまり、その仕事はもう既に評価されているわけですから、必要なのは「能力評価システム」ではなく、「業績評価システム」なのです。つまり、先に説明した、職務の三面等価の原則（8ページ）です。これさえ理解していれば、職務等級制度の原則は理解できます。

仕事に見合う権限と義務を明確にすることが重要

　能力評価システムよりも、本来的に必要なシステムがあります。仕事は何のためにしているのでしょうか。成果を出すためです。成果とは何でしょうか。経営目標を達成することです。このような成果を意識させた仕事を従業員にさせようと思ったら、何が必要でしょうか。それぞれの仕事に見合った権限です。
　権限というと大げさに聞こえるかもしれませんが、一般の従業員でも、意識はしていませんが「機械を操作していい」という権限を持たせてもらっているからその機械を操作しているのです。勝手に機械には触れません。営業社員も同様です。「一般営業社員であれば、10パーセントぐらいの値引きだったらしてもいい」と会社から許可され、権限を持たされているから、そこまでの値引きができるわけです。どんなレベルの従業員であっても、何らかの権限を与えられているから会社で仕事ができるのです。その仕事で成果を出すために相応しい権限を与えられているのです。よく従業員が会社に対する愚痴で「責任ばかり負わせやがって」と言うのは、仕事に相応しい権限が与えられてないにも関わらず、結果ばかり求められているために発していることを示しています。
　つまり、人事制度を構築する以上、仕事で結果を出して欲しいわけですから、必ず「**職務権限規程**」というものを作って、権限を明確にしておかなければなりません。しかし、最近「権限規程って何ですか？」と言う方が増えたように感じます。権限ということを理解していないと、一般営業社員が上司の承認なく勝手に15％ぐらい値引きしたりします。これを放置しておくと、いつの間

職務権限規程　別表（例）

区分	項目	稟議	グループリーダー	マネージャー	総務	本部長	専務	社長（取締役会）	備考
A 予算と実行計画	1. 工場別売上／経常利益予算			▽	▽	▲	＞	○	全社会議開催
	2. 行動計画・方針								
	a. 工場別設備投資計画予定案（1〜3年）			▽	▽	▲	＞	○	全社会議開催
	b. 工場別人員計画			▽	▽	▲	＞	○	全社会議開催
	3. 全社教育計画			▽	□	○	＞	◎	
B 組織・規定・人事・雇用	1. 諸規定の制定改廃			▽	▲	▽	▽	◎	全社会議開催
	2. 人事異動に関する事項								
	a. 部署の組織および人事案（工場内）	●		▽	＞	▲	＞	◎	立案本部長以外は稟議参画
	b. 監督職の任命・解任	●		▲	＞	＞	＞	◎	本部長の事前承認必要
	c. 工場および営業所間異動	●			▲	＞	＞	◎	本部長は立案参画
	3. 雇用に関する事項（承認工場別人員計画内）								
	a. 正社員／派遣社員	●		▲	＞	＞	＞	◎	本部長の事前承認必要
	b. パート／長期アルバイト（3ヶ月超）		▽	▲	○	◎		□	
	c. 定年嘱託	●		▲	＞	＞	＞	◎	本部長の事前承認必要
	d. アルバイト（3ヶ月以内・更新無し）		▽	▲	□	◎			
	e. 特別嘱託	●		▽	＞	▲	＞	◎	本部長以外は稟議参画
C 労務関連	1. 出張の命令								
	a. 短期宿泊出張および100km以上の日帰り出張		▲	◎	□	○			
	b. 宿泊5日以上の長期出張			▲	○	◎	□	□	
	2. 普通、早朝時間外勤務の命令		▲	◎	□				
	3. 深夜、休日時間外勤務および振替勤務の命令		▲	○	□				
	4. 変則勤務体制立案実施	●		▽	＞	▲	＞	◎	立案本部長以外は稟議参画
	5. 有給・特別休暇、遅刻早退等の届出承認		○	○	□	○			
	6. 休職・休職期間延長・復職の承認	●		▽	＞	▲	＞	◎	立案本部長以外は稟議参画

※立案●・立案参画▲・事前承認▽・稟議書回付○・決裁◎・事後報告□

職務記述書（画像処理職　J2級）（例）

	課業名	課業内容（役割・行動）	結果責任
作業手続き	データ確認業務	顧客要求事項（指示書・分色原稿等）の内容を把握する 原稿内容を適切に判断し、製版データを作成する 製版方式による印刷特性を考慮したデータを作成する 営業へ指示書記載事項について判断を求め、確認する	
	前処理業務 （柄割付・アクセサリー付け等）	変則割付など複雑な割付・高度なエンドレスなどを処理する	
	ニゲ処理	最終割付けなど製品をイメージしながら複雑なニゲ処理をする （機械と色、柄・抜き合わせ、柄の重なり順などグラデーションやパールなどを隣に使用しているもの）	①自工程で不良を発生させないこと ②標準時間で作業すること
	版下作製業務	デザイン文字、書き文字、筆文字を作成する 複雑な原稿でも副見本からスキャニングしトレースする ニゲ処理を考慮しながら版下デザインを作成する	
	校正物の作成、青焼き業務	顧客と業務上の内容（原稿内容等）についての打ち合わせをする	
	色校正業務	副見本とのカラー差異がわかり、ルーペと比較し校正する 下位等級者が校正作業を作成されているかを確認する	
	工程内検査業務	製版方式に応じたデータが作成されているかを確認する	
設備管理業務		担当機械トラブルに対して適切に判断し、処理する 周辺機器（設備）の基礎的なメンテナンスをする	設備の不具合によって、生産停止や不良（ロス）が発生しないこと
在庫管理業務		担当資材の在庫を確認し、発注、適正な管理をする	決められた適正在庫を維持すること
調整業務		他工場および他部署と適正で業務上必要な対話をする	全体最適の視点で効率を高めること
外注管理業務		納入業者・機器・機械メーカーと円滑に交渉を進める 担当職務の文書（版下等）と納期等の折衝をする	社外起因での品質不良を撲滅すること
指導監督業務		簡単な機器および操作マニュアルを作成できる 部属内の作業を的確に理解する 営業担当者と的確な判断で（デザイン）作成または外注依頼をする 自部所起因の主原因追求と再発防止策を追及する	①下位者および非正規社員が起因の品質不良を起こさないこと ②下位者および非正規社員の作業効率を維持、高めること
改善業務		自部所内作業関係の有効活用を企画提案する 自部所の5S（3S＋清潔・躾）を徹底する 自部所内の作業改善（ミス・効率）を提案する	監督者と共同で自工程の生産性を高めること
業務知識		部所内全出力機の機構と機能をある程度把握した使用できる 分解機器操作による基礎的なカラー（編集）処理ができる知識 簡単な分色作業・版下作業の両方の作業ができる基礎知識 製版方式の違いによる印刷状態に関する基礎知識 フォントに関する基礎知識を有している（版下） デザインの基礎知識があり、簡単な作成技能がある（版下） ソフトウェアの機能・特性や作業能、簡単な互換性に関する知識	
遂行要件		専門学校卒業および同じ程度の教育水準 画像処理業務経験10年以上 印刷・製版の専門的知識を有していること	

にか値引きが20％、25％とどんどんルーズになります。一般営業社員にはそこまでの権限はないのですが、その一方で権限を明確に与えていない分、無頓着になっているのも経営者の責任となります。特に、中小企業では「職務とは何か」ということを疎かにしていることが多いように感じます。

本来、その仕事は具体的に何をしたらいいのかを記しているのが基準書で、海外では「職務記述書（ジョブ・ディスクリプション）」といいます。採用時に提示し、この仕事でこれぐらいの結果を出してほしいということを明確にしています。職責（義務）と結果責任（業績）です。そして、その仕事はどういう遂行要件（能力・資格）が必要かということを、「職務明細書」で明らかにしています。この明細書があるから、人の採用基準も明確になっています。

この**職務記述書**や職務明細書がない多くの日本企業の採用の仕方はどうでしょうか。とりあえず1年間ぐらい色々な職場や仕事を経験させ、本人の適性をみて、その後、ある職場や仕事に配置するなど、柔軟と言えば聞こえはいいかもしれませんが、プロフェッショナルの育成という面では非常に理不尽な採用と配置（転換）といえます。高度経済成長期で、世の中が豊かで物がたくさん売れ、経営に余裕がある時代ならそれでもいいでしょう。ただ、労働生産性を上げなければならない時代になり、そのためにプロフェッショナルを育成しなければならないのに、専門性に欠けるゼネラリストばかり育成したところで仕方ありません。既に、現在の労働生産性統計がこれを証明しています。日本のようなジョブ・ローテーションは海外ではまずあり得ません。海外では経営幹部層は別として、ホワイトカラーで異動があるとしたら、その多くは能力を否定されたとして退職するでしょう。ジョブ・ローテーションというのは元々生産現場労働者の話であって、それでさえ海外ではジョブ・ローテーションを嫌います。ただ、海外のやり方が良いとか悪いとかではなく、結果として生産性で負けているのだから、生産性を高めるための策を検討しなければならないということです。

ビジネスとは結果が全てです。今さらながら「昔は良かったね」と懐かしんだところで仕方ありません。昔は昔で成立する条件があって、結果として年功賃金を維持することができただけです。そしてこれからは、時代に合った条件に改善し、作り変えていくことが重要です。プロを育成するためには、何をし

てほしいのかを明確にし、どれだけの能力、経験が必要なのかということを、きちんと職務記述書あるいは役割基準書に明確にして、それを遂行させることがまずは必要なのです。

したがって、まず空席の職務があり、ここに職務が遂行できると判断された能力のある人が就くというのが原則となります。毎年の人事考課で従業員の能力を評価する必要性はなく、業績管理で十分です。成果だけを管理しておけばいいのです。ただ、これをするためには基準書が必要です。基準書がなくては「できた、できなかった」とは判断できません。海外なら基準書が不明瞭であるとか、人の能力評価をすることは訴訟ものです。日本でも今後、訴訟は増えていくでしょう。「不合理性の判断」を裁判所に預けたわけですから仕方ありません。曖昧、矛盾だらけの法律・制度ですから、多くの訴訟が起きるでしょうが、その前に立法府が動くことを私は期待しています。

先に述べたように、無期転換社員と正規社員と非正規社員の格差があります。遂行していることはほぼ同じなのに、賃金が一番低いのは無期転換社員となれば矛盾を感じます。これをそのままにしておくという、その考え方(政策)を理解できません。

まずは「職務分析」をやってみる

これまで説明している役割基準書であるとか、職務記述書、職務明細書などを作る手法が職務分析というものです。したがって、職務分析を実施しなければ基準書は作れません。職務分析をすることはとても面倒ですが、慣れれば簡単です。だから、「難しく考えず、まずはやってみましょう!」とよく言います。仕事を書き出すだけのことです。

例えば、社労士の先生方に、「社労士事務所の仕事って、何がありますか? 何か仕事を書き出したものとかありますか?」と聞くと、「ない」という答えが多く返ってきます。このため私は、講義の中で、参加者の皆さんに書き出してもらって、それを議論し、擦り合わせしていくという作業をしたりします。普通は存在して当たり前のものが、実は自らもしていないし、ないのです。だ

けど皆さんは部下をできる、できないと判断しています。どうしてそれが判断できるのでしょう。部下からするととても迷惑な話です。部下は「人を評価する前に何を、どこまでやるのかを具体的に示せ」とおそらく思っています。部下にとっては明確な目標とか期待される成果とか、聞いたことないのですから当然です。

しかし、これはどんなに良い組織でもごく普通に起きることです。私は管理者研修などで事前に管理者側と、被管理者側に管理職のマネジメント姿勢に関する次のような質問が含まれる20項目のアンケートを実施します。

アンケートの質問例
「部下に対して目標を明確にしていますか」
「部下が目標を達成するためにすべき仕事を説明できていますか」　　ほか

多くの管理者は大体5段階評価で、自身はできていると思い「4」と評価しています。しかし、部下評価の多くはその真逆です。このようなギャップがある中で、人事考課をせざるを得ないのです。なぜそれだけのギャップが出てくるかというと、職務内容を決めず、マネジメントをしているからです。

しかし、同一労働同一賃金を実現しなければいけません。政府もこれまでに職務分析・評価マニュアルなどのパンフレット、リーフレットを数多く発行し、ガイドラインも策定しました。しかし、これだけ力を入れているにも関わらず、先に述べたように、なぜか実行計画では「能力で評価する人事システム」の導入となっているのです。これが現実です。

なぜ「能力で評価する人事システム」となってしまうのか

こうなった理由は過去にあります。歴史的にも簡単に説明できます。戦後、日本はGHQや世界労連から「不平等な賃金制度」を指摘され、是正勧告を受けています。勧告を受けているからこそ、職務給の研究が始まっています。先に民間企業に導入されていますが、国鉄にも職階給が導入されています。その

後に国家公務員へ職階給が導入されました。しかし、実態は違っており、キャリアとノンキャリアという区別が始めからあり、そして後は年功実績主義になっています。日本名は「職階給」と言いますが、正しく言うなら「職位分類制度」であり、職位の管理ではありますが職務給とする方が正しいと思います。ただ、職務評価はされていませんし、職務等級制度とは全く言い難いものです。歴史的には、職階給を法律改正により早期に骨抜きにし、今や全く異なる制度になっています。ですので、同一労働同一賃金はスローガンとして打ち上げられただけで、現実は職務給や業績管理システムの導入なんてとんでもない話ということになります。

　つまり、職務給の理論も崩れていくことになるのです。「職務等級制度なんていうのはとんでもない」「賃金が上がらなくなる」「労使の関係が崩される」など多くの誤解があるのですが、欧米以上に日本の制度において既に崩れています。そうであるにもかかわらず、「こんな厳しい制度、賃金が上がらない制度の導入はよくない」、「職務給はよく分からないけど、能力評価システムの方がいいのではないか、今までどおりでいいではないか」ということになり、結局、何も変わらないのです。

　たとえスローガンであったとしても、せっかく「同一労働同一賃金」と言える時代になり、職務を分析、明確にして、評価をして賃金を決めなさいと言っているのに、「能力で評価する人事システムを導入しなさい」という全く辻褄が合わない内容が発信されているのはもったいない話です。

　ただ、「短時間・有期雇用労働者及び派遣労働者に対する不合理な待遇の禁止等に関する指針について」（ガイドライン）の、基本的考え方の最後に「そもそも客観的にみて待遇の相違が存在しない場合については、この指針の対象ではない」としており、職務等級制度とは言っていませんが、当該制度であればこれをクリアすることができ、ガイドラインの対象にならないことを暗に示しているとも受け取れます。

　実際、日本においては、職務給を導入している企業は非常に少ないし、これを解説している書籍や研究論文も同様です。およそ1970年初頭で職務給の研究は終わっています。それ以降に出ている書籍というのは恐らく数冊です。このため職務給を研究しよう、勉強しようと思っても、なかなか理解が進まない

ところもあります。
　以上、「働き方改革実行計画」の内容の確認をしつつ、職務等級制度の歴史について少し説明させていただきました。

「多様な働き方」の実現には職務分析が必要

　矛盾を感じる実行計画ではありますが、私はちょっと前向きにも捉えていて、何とかしてせっかくできてきたその空気感というか感じ方というものを「職務基準」の流れにしたいと思っています。働き方改革の中で実現したいことは、次の1から11までであり、これまで説明したことも含めて挙がっています。

働き方改革とは
1　同一労働同一賃金など非正規雇用の処遇改善
2　賃金引上げと労働生産性向上
3　罰則付き時間外労働の上限規制の導入など長時間労働の是正
4　柔軟な働き方がしやすい環境整備
5　女性・若者の人材育成など活躍しやすい環境整備
6　病気の治療と仕事の両立
7　子育て・介護等と仕事の両立、障害者の就労
8　雇用吸収力、付加価値の高い産業への転職・再就職支援
9　誰にでもチャンスのある教育環境の整備
10　高齢者の就業促進
11　外国人材の受入れ

　働き方改革には、非正規社員の処遇改善、賃金の引き上げ、長時間労働の是正の問題であるとか、柔軟な働き方がしやすい環境整備などが掲げられています。
　長時間労働は、三面等価の原則を守れば解決します。会社として目標を達成するには、「こういうことをしてくれ」と決めておけばいいだけの話なのです。

管理者が部下に与える職務を明確にせずいい加減な働かせ方をしており「いつまでたっても帰らないな」とか思いながら管理しています。例えば、ノー残業デーに早く退社する部下を横目に、管理職は「帰れるのだったら、普段から早く帰れ」と思っている一方で、「仕事、大丈夫なのだろうか」と心配しています。しかし、心配するくらいならその前に仕事を明確に伝えているのかが問題です。そして、しっかりとその後にフォローしているのかという話なのです。これができていない以上、その管理者はマネジメントができてないといえます。

　しかし、仕事とは本来、本人が責任を自覚して行うことです。言われてやることでなく、契約によってやっていることなのです。この契約概念が日本ではまだ希薄なようです。つまり、「労働契約書にちゃんと職務記述書を付けていますか」ということです。欧米では、全てではありませんが職務記述書とセットで雇用契約書を結びます。日本にこういう慣行はなく、10年ほど前に労働契約法が施行され、きちんと雇用契約書を結び直したくらいです。しかも、職務内容は大雑把に明らかにされるくらいで交わすだけはしておくという程度です。それぐらい仕事をさせる環境が整ってなく、仕組みがありません。これは非常に大きな問題です。これを解決しようと思えば、繰り返しになりますがまずは職務分析をするしかないということになります。

Column 1　海外の管理職は大変

　「多様な働き方」を実現するとなると、海外、特にドイツでは大変です。短時間で勤めている人、バカンスを取って何カ月も休む人とかが職場の中におり、マネージャーは部下を管理するのが大変です。それゆえに、成果がどれだけ出ているのかということを真剣にフォローしていかないといけないし、マンパワーが足りなかったら助けないといけません。日本の管理職のように残業時間の管理であたふたしている場合ではありません。

「短時間・有期雇用指針」が求める内容

　「短時間・有期雇用労働者及び派遣労働者に対する不合理な待遇の禁止等に

関する指針」の中で「職務の内容や職務に必要な能力等の内容を明確化するとともに」と述べています。さらに「その職務の内容や職務に必要な能力等の内容と賃金等の待遇との関係を含めた待遇の体系全体を、短時間・有期雇用労働者及び派遣労働者を含む労使の話合いによって確認し、短時間・有期雇用労働者及び派遣労働者を含む労使で共有」することとあります。そのために「賃金のみならず、福利厚生、キャリア形成、職業能力の開発及び向上等を含めた取組が必要」と書かれており、広い範囲で企業に対応が迫られていくことになります。

さらに、「なお、この指針に原則となる考え方が示されていない退職手当、住宅手当、家族手当等の待遇や、具体例に該当しない場合についても、不合理と認められる待遇の相違の解消等が求められる。このため、各事業主において、労使により、個別具体の事情に応じて待遇の体系について議論していくことが望まれる」としています。「不合理な格差の禁止」という日本独自の政策的格差是正アプローチゆえに、労使の合意が前面に押し出されているのが特徴です。

ここで何が問題かというと「労使の合意」というけれども、正規社員と非正規社員の労働組合が協力しているのかといえば、静観しているようにしか見えません。なぜなら、正規社員の労働組合が、自分達の賃金を下げられるようなことはそもそも認められないからです。

しかし、欧米では、歴史的に職務給による賃金の公正性を勝ち取ってきたのは、労働組合です。同一労働同一賃金というのは、ヨーロッパの女性解放運動に始まり差別のない社会を理想として生まれ、1800年代前半に労働組合が加わり提案、その後、職務分析や職務評価をして職務給制度を作っていったという歴史があります。同時に、ここで重要なことは、能率が賃金の前提にあったということです。ただ、それを許さない経営者側がハルセーなどの割増給制度などの色々な策を立て、賃金を抑制あるいはリストラをしたりします。これに対抗するために、労働組合側が、公正な処遇を求め職務分析を進めるなどし、率先して職務給制度を確立していきました。これに対し日本の労働組合は依然、静観状態です。

> **Column 2　同一労働同一賃金に対する日本の労使の対応**
>
> 　同一労働同一賃金をどう捉えているかについては、ここ数年の春闘からも分かります。毎年春闘の時期に発表される日本経団連の「経営労働政策委員会報告書」と日本労働組合総連合会の「連合白書」から判断できます。経営者側からは、基本的には役割とか貢献、業績とかに見合った人事システムを導入するべきだという話が2007年ぐらいから出てきています。同一労働同一賃金に関して言うと、日本型であったとするならば、政府が言っているように進めるという話を2018年あたりから書き出しました。一方「連合白書」では、「同一労働同一賃金」には一言も触れていません。「連合白書」の中に出てこないのは、全くおかしなことです。つまりここまでの賃金格差を生じさせているのは、経営者側だけの問題ではなく労働組合側が容認しているからじゃないという風に思われても仕方がない状況です。労使の合意というものが本当に正当に行われるのか、あるべき姿というのはどこを目指して、労使が合意していくのかは、本当に企業によって違うかもしれませんが、今後に期待するところです。

　指針には「そもそも客観的にみて待遇の相違が存在しない場合については、この指針の対象ではない」としています。これが職務給であったとしたら、別にこのガイドラインに従う必要性はないということになります。つまり、職務給を導入するだけで解決できるという話なのです。そうできれば楽なのですが、本当にできるのかといえば多くの問題があります。なぜなら、これまで日本ではずっと能力で評価し、能力に応じて賃金を支払い、多くの手当を付けてきました。海外では、基本的には職務給一本です。しかし、日本でそこまで行くのは大変ということで、ガイドラインを設けています。けれども、職務給とは記されてはいませんが、現実問題、これを解決できる人事制度は職務等級制度で、同制度を導入するならばガイドラインに従う必要はなく、言い換えればガイドラインをクリアするという解釈は十分可能です。

平成 30 年 12 月 28 日

短時間・有期雇用労働者及び派遣労働者に対する不合理な待遇の禁止等に関する指針について

第1 目的

　この指針は、短時間労働者及び有期雇用労働者の雇用管理の改善等に関する法律（平成5年法律第76号。以下「短時間・有期雇用労働法」という。）第8条及び第9条並びに労働者派遣事業の適正な運営の確保及び派遣労働者の保護等に関する法律（昭和60年法律第88号。以下「労働者派遣法」という。）第30条の3及び第30条の4に定める事項に関し、雇用形態又は就業形態に関わらない公正な待遇を確保し、我が国が目指す同一労働同一賃金の実現に向けて定めるものである。

　我が国が目指す同一労働同一賃金は、同一の事業主に雇用される通常の労働者と短時間・有期雇用労働者との間の不合理と認められる待遇の相違及び差別的取扱いの解消並びに派遣先に雇用される通常の労働者と派遣労働者との間の不合理と認められる待遇の相違及び差別的取扱いの解消（協定対象派遣労働者にあっては、当該協定対象派遣労働者の待遇が労働者派遣法第30条の4第1項の協定により決定された事項に沿った運用がなされていること）を目指すものである。

　もとより賃金等の待遇は労使の話合いによって決定されることが基本である。しかし、我が国においては、通常の労働者と短時間・有期雇用労働者及び派遣労働者との間には、欧州と比較して大きな待遇の相違がある。政府としては、この問題への対処に当たり、同一労働同一賃金の考え方が広く普及しているといわれる欧州の制度の実態も参考としながら政策の方向性等を検証した結果、それぞれの国の労働市場全体の構造に応じた政策とすることが重要であるとの示唆を得た。

　我が国においては、基本給をはじめ、賃金制度の決まり方には様々な要素が組み合わされている場合も多いため、まずは、各事業主において、職務の内容や職務に必要な能力等の内容を明確化するとともに、その職務の内容や職務に必要な能力等の内容と賃金等の待遇との関係を含めた待遇の体系全体を、短時間・有期雇用労働者及び派遣労働者を含む労使の話合いによって確認し、短時間・有期雇用労働者及び派遣労働者を含む労使で共有することが肝要である。また、派遣労働者については、雇用関係にある派遣元事業主と指揮命令関係にある派遣先とが存在するという特殊性があり、これらの関係者が不合理と認められる待遇の相違の解消等に向けて認識を共有することが求められる。

今後、各事業主が職務の内容や職務に必要な能力等の内容の明確化及びその公正な評価を実施し、それに基づく待遇の体系を、労使の話合いにより、可能な限り速やかに、かつ、計画的に構築していくことが望ましい。
　通常の労働者と短時間・有期雇用労働者及び派遣労働者との間の不合理と認められる待遇の相違の解消等に向けては、賃金のみならず、福利厚生、キャリア形成、職業能力の開発及び向上等を含めた取組が必要であり、特に、職業能力の開発及び向上の機会の拡大は、短時間・有期雇用労働者及び派遣労働者の職業に必要な技能及び知識の蓄積により、それに対応した職務の高度化や通常の労働者への転換を見据えたキャリアパスの構築等と併せて、生産性の向上と短時間・有期雇用労働者及び派遣労働者の待遇の改善につながるため、重要であることに留意すべきである。
　このような通常の労働者と短時間・有期雇用労働者及び派遣労働者との間の不合理と認められる待遇の相違の解消等の取組を通じて、労働者がどのような雇用形態及び就業形態を選択しても納得できる待遇を受けられ、多様な働き方を自由に選択できるようにし、我が国から「非正規」という言葉を一掃することを目指す。

第２　基本的な考え方
　この指針は、通常の労働者と短時間・有期雇用労働者及び派遣労働者との間に待遇の相違が存在する場合に、いかなる待遇の相違が不合理と認められるものであり、いかなる待遇の相違が不合理と認められるものでないのか等の原則となる考え方及び具体例を示したものである。事業主が、第３から第５までに記載された原則となる考え方等に反した場合、当該待遇の相違が不合理と認められる等の可能性がある。なお、この指針に原則となる考え方が示されていない退職手当、住宅手当、家族手当等の待遇や、具体例に該当しない場合についても、不合理と認められる待遇の相違の解消等が求められる。このため、各事業主において、労使により、個別具体の事情に応じて待遇の体系について議論していくことが望まれる。
　なお、短時間・有期雇用労働法第８条及び第９条並びに労働者派遣法第30条の３及び第30条の４の規定は、雇用管理区分が複数ある場合であっても、通常の労働者のそれぞれと短時間・有期雇用労働者及び派遣労働者との間の不合理と認められる待遇の相違の解消等を求めるものである。このため、事業主が、雇用管理区分を新たに設け、当該雇用管理区分に属する通常の労働者の待遇の水準を他の通常の労働者よりも低く設定したとしても、当該他の通常の労働者と短時間・有期雇用労働者及び派遣労働者との間でも不合理と認められる待遇の相違の解消等を行う必要がある。また、事業主は、通常の労働者と短時間・有期雇用労働者及び派遣労働者との

間で職務の内容等を分離した場合であっても、当該通常の労働者と短時間・有期雇用労働者及び派遣労働者との間の不合理と認められる待遇の相違の解消等を行う必要がある。

　さらに、短時間・有期雇用労働法及び労働者派遣法に基づく通常の労働者と短時間・有期雇用労働者及び派遣労働者との間の不合理と認められる待遇の相違の解消等の目的は、短時間・有期雇用労働者及び派遣労働者の待遇の改善である。事業主が、通常の労働者と短時間・有期雇用労働者及び派遣労働者との間の不合理と認められる待遇の相違の解消等に対応するため、就業規則を変更することにより、その雇用する労働者の労働条件を不利益に変更する場合、労働契約法（平成19年法律第128号）第9条の規定に基づき、原則として、労働者と合意する必要がある。また、労働者と合意することなく、就業規則の変更により労働条件を労働者の不利益に変更する場合、当該変更は、同法第10条の規定に基づき、当該変更に係る事情に照らして合理的なものである必要がある。ただし、短時間・有期雇用労働法及び労働者派遣法に基づく通常の労働者と短時間・有期雇用労働者及び派遣労働者との間の不合理と認められる待遇の相違の解消等の目的に鑑みれば、事業主が通常の労働者と短時間・有期雇用労働者及び派遣労働者との間の不合理と認められる待遇の相違の解消等を行うに当たっては、基本的に、労使で合意することなく通常の労働者の待遇を引き下げることは、望ましい対応とはいえないことに留意すべきである。

　加えて、短時間・有期雇用労働法第8条及び第9条並びに労働者派遣法第30条の3及び第30条の4の規定は、通常の労働者と短時間・有期雇用労働者及び派遣労働者との間の不合理と認められる待遇の相違等を対象とするものであり、この指針は、当該通常の労働者と短時間・有期雇用労働者及び派遣労働者との間に実際に待遇の相違が存在する場合に参照されることを目的としている。このため、<u>そもそも客観的にみて待遇の相違が存在しない場合については、この指針の対象ではない。</u>

※下線は筆者

同一労働同一賃金が目指すべきものは

　同一労働同一賃金とは、本来は職務内容が同一、または同等の労働者に対して同一の賃金を支払うという考え方で、それが正規、非正規労働者間の処遇格差の問題にあっては、非正規社員に対して合理的な理由のない、不利益な取り

扱いはしてはならないと定式化されることが多いです。このため欧米では、合理的な理由がない限りは許されません。でも日本は「不合理な格差の禁止」と曖昧に言ってしまうところに、問題があると思います。

　働き方改革関連法には、「均衡待遇」と「均等待遇」の2つの規定があります。その中で、職務内容ということが両方に入っています。このことからも、職務内容の明確化というのは、避けて通れません。したがって、本来なら職務分析をしなければ、職務内容を明確にすることはできないということになります。これは、職能資格制度でも同じことです。職能資格制度であれば、本来は職務分析でなく、「職務調査」を実施しなければ正確な能力の把握はできないのです。職務調査をして、課業を洗い出して、その課業に必要な能力を洗い出し、その能力を等級区分します。それが職能資格制度です。

　本来は、職能資格制度もこうするべきなのです。しかし、職務調査を実施している企業をあまり見たことがありません。仕事も洗い出さずに職能資格制度が作れる理由は簡単です。能力は見えないから、ある意味思うように作れるのです。人間の保有能力を3区分、具体的には「できる人」「できない人」と「普通の人」とします。できない人を、できない人とひとくくりにするのは簡単すぎるから、できない人のうち「(できない) 人の中ではできる人」「普通にできない人」と「ほとんどできない人」で分けます。できる人も、一つにくくるよりも、「ずばぬけてできる人」「普通にできる人」と「あまりできない人」の3つに区分します。能力ある人、ない人、普通の人。これをさらに3区分していったら9等級になります。できる人をさらに2つに区分したら、それで10等級になります。できない人を2つに区分したら11等級になります。このように、能力の等級数は、自由に決められます。職務調査をせず、つまり課業を洗い出さなくても等級区分できるのですから、「一般的には大体9等級ですから、これでいいですかね」と横並びになるのです。

仕事の洗い出しが必要な時代になる

　ただし、これではこれから求められる職務内容の説明義務は果たせません。

職務調査すらしていないので当たり前です。課業にしても、どんな仕事させているのか本当の意味で分かっていません。例えば、短時間正社員制度を導入しようとか、家庭の都合で退職を申し出た社員を引き留めたいから在宅勤務制度を導入しようとか考えることがあります。介護を理由に2時間ぐらい勤務時間を短縮して働かせたい社員が出てきた場合、初めて企業はこの労働者の仕事を洗い出し始めます。どういう仕事を、1日にどれぐらいやってもらっているか、あって当たり前のものをなぜか一から洗い出し、決めていく。多様な働き方が叫ばれる中、今後は職能資格制度であったとしても、職務を洗い出すことをしなければ対応できない時代が、もうそこまで来ています。

　厚生労働省の小冊子を見ていると、正規社員との違いも含めて洗い出すための簡単なフォーマットがあります。「せめてそれぐらいまではやっておいたほうがいいですよ」という意味なのでしょう。つまり、簡単ではあっても仕事を洗い出して、整理するという時代がやってきたことは間違いありません。多くの日本企業は、欧米のように職務がある程度標準化され職務分析が不要になってきているのとは異なり、これまで職務調査すら実施していないのですから、相当な労力を使うことになることが推察されます。

　例えば、2011年に要素別点数法を解説した「職務評価の実施ガイドライン」（厚生労働省）があります。パートタイム労働者を正規社員に転換をさせるときに、どの等級に格付けするか、「職務内容をしっかりと明確に把握してから」と記述されています。ただ、考えてみたらこの時から日本はあまり進んでないように思います。

ガイドラインにどう対応するか

　日本の賃金体系とガイドラインへの対応について説明します。
　2018年6月に最高裁からハマキョウレックス、長澤運輸事件の判決が出ています。これらの判決から、将来的には正規社員と同じ手当をすべての非正規労働者に対して支給せざるを得なくなっていくことが分かります。日本は生活関連手当が多い賃金体系ですから仕方ありませんが、今後は手当の統廃合が進

むことは間違いありません。

　賃金体系という用語があるのは日本だけです。海外では賃金構造という用語はあっても、賃金体系はありません。賃金構造というのは、業界別、職種別や性別などの賃金格差を分析したものです。一方、賃金体系とは、基本給には年齢給と職能給があって、手当には役職手当、通勤手当などという、賃金を何の要素で格差を付けるかを明らかにしたものです。日本では、大正時代のインフレ対応から始まり、第二次世界大戦中の賃金統制によって様々な生活関連手当ができたといういきさつもありますが、戦後も定期的に異動を行う（ジョブ・ローテーション）ので、地域ごとに物価の変動に対応して、住宅手当だとか地域手当などを付けてきました。海外では基本的に、転勤や異動はそうありませんので、色々な手当を付ける必要性がありません。

　なお、扶養手当の支払いについては、日本郵政の裁判において、地裁と高裁で判決内容が変わっており、今後、最高裁でどうなるか注目されているところです。ただ、扶養手当も住宅手当同様に職務の対価ではなく、非正規社員と正規社員との間で格差が生まれることは、本来であれば不合理のように思います。

　しかし、長期雇用を前提とした社員への手当とされるならば、非正規社員に支給する必要はないということになります。ただ、これが根拠になるのであれば、均等待遇は程遠くなります。これに対して直近での企業対応として、日本郵政が扶養手当の新たな支給対象として非正規のうち無期雇用に転換した社員を加え、正規社員の8割を目安に、配偶者手当や子ども手当などを支給、育児・介護休業の期間は正規社員並みに拡大するとの話があります。

Column 3　異動が多い日本ではプロが育ちにくい

　賃金とは関係ありませんが、日本では異動によってプロフェッショナルが育ちにくくなっています。これによって、管理職としてリーダーシップを発揮するための専門性のパワーも低下することになります。また、自分の生活を中心に考える働き方を優先する社員が増える傾向にもあり、ライフステージに合わせたキャリアコースの選択という時代になってきています。このため、キャリアコースによる住宅手当は残っても、それ以外に残せるような手当というのは、ほぼなくなることが予想されます。

ジョブ型組織とメンバーシップ型組織の違い

　これからの人事制度と組織構造について説明します。

　2019年の「経営労働政策委員会報告」(日経連)の中で、大変注目すべき箇所があります。それは、Society5.0時代の雇用システムのあり方についての文章です。日本企業が、自社の経営戦略や必要とする人材に応じて、これまでの雇用システムと、ジョブ型(職務給制度における職務記述書によって動く、動かしていくということ)の雇用システムを効果的に組み合わせていく等、中長期的な観点に立って、そのあり方を検討する時期に来ていると記載されています。これは、非常に画期的なことです。これまで経済界は、同一労働同一賃金について、日本型にこだわってきたはずですが、日本型ではなく、経営戦略の実現のため仕事をしっかりと明確にして、これを従業員に遂行させていくというジョブ型の雇用システムが必要だと述べているのです。これは、完全に欧米型職務給の制度です。

　以下ではジョブ型の組織図と人型の組織図を見ながら、職務に対する欧米と日本の組織構造の違いについて説明します。

職務(ジョブ)型組織図と人(メンバーシップ)型組織の違いの理解

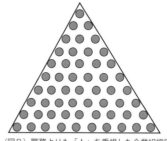

（図A）厳格な職務をベースとした企業組織図　　（図B）職務よりも「人」を重視した企業組織図

出所：『日本的経営の労務管理』田中博秀著（同文館）

　左側は細かく仕事をきっちりと定義し、隙間なく埋めています。これが欧米のジョブ型組織の考え方です。経営目標や戦略から機能(業務)に展開され職務に落とし込まれるのです。経営目標を達成するためには、まずは戦略が必要

で、この戦略に即してまずはどんな業務機能が必要かを明確にした上で、これを遂行できる人間を当てはめます。この際に社内公募はしますが、これにとらわれず社外から調達するのが欧米です。ゆえに、やること（職務内容）さえ明確にしておけばいいのです。

　一方、日本のメンバーシップ型組織は右側です。人間を中心に構成されていますが、隙間だらけです。このため、誰かが職務範囲を広げなければ隙間は埋まりません。ただし、重複する業務も必然的に増えてしまいます。隙間ができたままの場合もあるでしょう。これまでの世代の人たちは隙間を埋めてきましたが、これからの世代の人たちが、隙間を自ら埋めてくれるとは限りません。職務範囲を勝手に狭くし、隙間を広げる可能性もあります。もし、この隙間を放置した場合は、業務に繋がりができませんし、逆にこれをカバーする上司は過重労働になってしまいます。このため、経営戦略の実現は到底できませんし、組織として機能をなさないという話になります。これまでの世代のように、自ら積極的に他の人の仕事を手伝うとか、手直しをしてあげるとか、そういう時代ではありません。以前は「退社するときには、まず『何か手伝うことありませんか』と周りに聞いてから帰れ」と教育されましたが、今はむしろ「仕事（ましてや他人の仕事よりも）よりも、自分の生活のほうが大切です」という時代です。隙間を埋める人は明らかに減少していますので、これまでのやり方ではこの組織が維持できる時代はもう終わったと考えるのが妥当でしょう。

　日本型の組織人事構造の弱点は、組織目的の実現のために組織においてどのような機能が必要で、これをどう職務として分担するのかを明確にできていないことです。仕事の最小の単位が職務（ジョブ）です。経営戦略が機能（業務）に落とし込まれ、その機能（業務）を職務（ジョブ）に展開するということです。この過程において人は介在しないのです。目標、戦略、機能、職務（ジョブ）なんです。そこにできる人を当てはめる。さらに昨今、ITやAIを使用したプラットフォームエコノミーの到来の中で、ジョブという考え方そのものが崩れていると言われています。IT技術がやってくれるから、人間は少しだけ関与すれば完結するという仕事になってきています。つまり、人間がやるのは、ジョブからタスクという、さらに小さな単位でいいということになってきています。したがって、今ほど労働を必要としません。職種を限定せず採用するメ

ンバーシップ型組織で労働生産性を上げようとすること自体が限界です。
　ジョブ型の組織とメンバーシップ型の組織の人事制度上での違いを明らかにしていくと次のようになります。ジョブ型は役割あるいは職務等級制度になりますし、メンバーシップ型は職能資格制度、つまりこれまでの日本の人事制度における組織構造となります。

職能資格制度と職務・役割等級制度の違い①		
職能資格制度		職務・役割等級制度
企業の期待する職種別・等級別の職能像を明らかにした上で、従業員一人ひとりの職務遂行能力（潜在能力を含む保有能力）をベースとする制度	基本要件	企業からみた戦略的な期待役割を果たすために割り当てられた役割・職務の価値をベースとした制度
職務遂行能力（保有能力）がベースとなるため発揮しなくとも評価される（レスポンシビリティ＝行動責任は求められる）	特徴	職務（役割）価値と担当者個々人の業務成果が評価される（アカンタビリティ＝成果責任までが求められる）
職務遂行能力（保有能力）が高まれば昇格（級）できる。原則として降格はない（能力の伸長は無限）。やがて上位等級に多勢が固まり、ポスト不足になる。	昇格と任用	組織の必要とする職務（役割）数に制限があるので、その職務（役割）が空きが発生した時に昇任できる。職務（役割）が無くなれば離脱あるいは降格することになる。
査定昇給と昇格昇給により年功給化し右肩上がりの賃金カーブとなる（職能給）。基本的には、降給はない。	賃金	基本的には定期昇給はない。同一職務（役割）同一賃金が基本。
等級基準以下のレベルの仕事をしていても等級に応じた賃金が支給される。給与格差は少ないものの、同一職務であっても従事者の個人間賃金差が生じる。	問題点	高技能者が当該能力以下の仕事をする場合は仕事に見合った賃金になる。つまり、職務（役割）異動で賃金が上下する。
ゼネラリスト育成に向いており、人事異動がしやすい。また、資格と役職が分離されており、賃金変動を伴うことなく配置転換が可能となり、組織の柔軟性と処遇の安定性が追求できる。	メリット	人件費が抑えられ（自動膨張がない）、職務が明確であることからプロフェッショナル人材の育成が行いやすい。

「見えない」能力で人を評価することはできない

　職能資格制度では、職務遂行能力は伸び続けるということが前提になっていますので、賃金も上昇し続けることになりがちですし、降格という概念は基本的にはありません。降格については、具体的事実による根拠に基づいて、本人の顕在能力と業績が、属する資格等級に期待されるものと比べて著しく劣っていると判断できることを要することから、運用は相当に難しくなっています。

　一方、役割・職務等級制度は能力を基準に置いていません。組織上の役割や職務とその価値をベースにしていますから、仕事が変われば賃金も変わります。この話をすると「仕事（職種や職務）が変わると、賃金も変わるのでしょう？厳しいですね」とよく質問されますが、私は「賃金が変わって当然でしょ」と回答しています。

　では現実問題として、本当に賃金が変わることがそう多くあるのでしょうか。変わるとしたら、それは会社のためでも、本人の能力開発のためでもないどちらか一方、あるいは双方に落ち度がある意図的な異動のように思います。そうであるなら、仕事そのものが変わるのですから賃金は変動して当然です。

　職務給では、職務が変わると賃金も変わるので異動させづらいとよく聞きます。確かに職能資格制度において、親会社から子会社への出向や転籍が行われていますが、実際、能力に相応しい職務への異動で、職務価値的にも同等な職務に就かせており、きちんと職務評価をすれば賃金を変動させる必要性がない異動になっています。この点においては、職能給も職務給も違いはありません。

　しかし、定期的異動による賃金の変動についてどうこういうよりも、今の日本は労働生産性向上のためにプロフェッショナルを養成していくことの方が重要です。また、異動によって管理職として必要な専門性のパワーを失い、部下から見下される管理職を輩出してきた日本の人事制度を改めなければ、生産性は低下するばかりです。職務給と日本的な雇用慣行の（定期）異動を結び付けて職務給を否定するのであれば、職能給であるにも関わらず出向を含む異動と称し、降給している企業の存在についてはどう説明するのでしょうか。

Column 4　ドラッカーも危惧した能力評価

　ドラッカーは「現代の経営」の中で、潜在能力を評価することに関して非常に危惧しています。つまり、見えないもので人を評価することはできず、見えるもので評価すべきで、それは結果でしかないと言っています。西欧では、国籍、人種や民族など、様々な違いがある中で、差別のない国をどうつくるかというのが理念にあります。だとするならば、能力は見えないため公正性の根拠にすることは非常に難しく、差別につながりやすくなります。このため、職務分析、職務評価で公正さを追求する職務等級制度が当たり前の話としてあります。

能力基準（職能資格制度）と仕事基準（職務・役割等級制度）の違い

　ここは、ぜひとも理解をしておいてください。左側が能力基準の人事制度、つまり職能資格制度です。右側が仕事（職務）基準で、職務あるいは役割等級人事制度というものです。両者が相まみれることはまずありません。全く性質が異なる人事制度で、全く対極にあるものです。職能資格制度では、先ほども触れましたが職務調査を行い、職能基準書と職能要件書の二つを作ります。

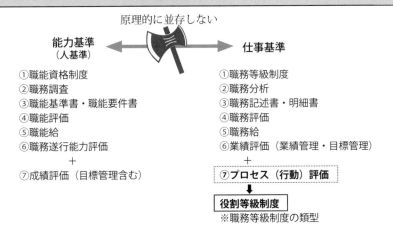

職能資格制度と職務・役割等級制度の違い②

原理的に並存しない

能力基準（人基準）
① 職能資格制度
② 職務調査
③ 職能基準書・職能要件書
④ 職能評価
⑤ 職能給
⑥ 職務遂行能力評価
　　＋
⑦ 成績評価（目標管理含む）

仕事基準
① 職務等級制度
② 職務分析
③ 職務記述書・明細書
④ 職務評価
⑤ 職務給
⑥ 業績評価（業績管理・目標管理）
　　＋
⑦ プロセス（行動）評価

役割等級制度
※職務等級制度の類型

職能基準書には、部門別、職種別に仕事（課業）を洗い出し、これに必要な能力を明らかにしていきます。この仕事にはこういう能力が必要だということを、等級別、仕事別に書いています。職能要件書は逆に、等級別にどういう能力が必要かを明らかにしているものです。この二つの文書がセットで、職能資格制度は成り立っています。したがって、職能基準書と職能要件書を活用し、各人の課業を見ながら職能評価を実施し、格付けをします。「彼は大体、この部門でこれぐらいの仕事をしている、それができているとなると何等級だね」といった具合に格付けしていきます。等級格付けが始まり、該当等級に応じて払われるものが職能給です。したがって、人事考課制度で評価される対象は、基本的に能力基準なので職務遂行能力の伸長度となります。つまり、格付けのために能力評価をし、能力がどれだけ伸びたかを人事考課して、昇格や昇給することになります。最近は、発揮能力（これまで「結果」を意味した用語だったもの）と称した顕在能力（行動）を評価内容としていますが、その行動が直接、職務に結びついていないことが多く、結果として、従前からの職能資格制度上の人事考課と変わっていないように感じます。

　仕事基準の制度（図の右側）では、まず職務分析をして仕事を洗い出します。その仕事にはどれぐらいの知識、能力が必要か、どの程度の精神的負荷とか肉体的負荷があるのかを分析をし、記述書あるいは明細書に書き加えます。したがって、職務記述書、明細書で書かれた職務というのは、職務評価の手法を使って職務の相対的な難易度の高さを調べます。能力の評価ではありません。職務の難易度が高いか低いかを評価するのが職務評価です。ですから全く制度の原則が違います。したがって、職務評価によって、この仕事は価値の高い、難しく責任が重い仕事ということになれば、高い職務給が支払われます。

Column 5　役割と職務の違い

　組織における個々の従業員の役割（role）とは、組織が掲げる使命（mission）に対し、どういう考え（価値観 value）に基づいてどう行動するかを示したもので、行動指針的で非常に曖昧なものです。したがって、役割を確実に果たすためには、職務（job）を明確にし、遂行することになります。

　バブル経済崩壊以降、職能資格制度が限界に至り、多くの日本企業に導入され

> た役割等級制度は、管理職層からでした。ただ、これらの多くは職能資格制度をベースにしているだけでなく、当然のことながら役割内容（職務）とこれに連動する成果責任を明らかにせず、職務評価も実施することなく構築、運用されてきました。このため、結果的に、年功的運用に流れ、人事考課制度も職能評価を基本とする運用になりました。
>
> 管理職層については、「役割」認識で十分と理解されているようですが、業績責任を明確にできていない上に、業績を達成できなくても解雇されることがない状況では、あえて役割内容を曖昧にしておくことになるでしょう。

人事評価は業績評価で行う

　職務基準の人事制度における人事考課は原則として業績評価になります。その仕事でどれだけの結果を出したのかを評価します。つまり職務を遂行する能力がある人がやっていることが前提で、能力の伸長度を評価する必要はありません。能力の伸長度は、アセスメントで評価します。人事考課とアセスメントは違うのですが、これを混同することがあります。アセスメントでは、あの人はどれぐらいの能力を持っているのかを見るので、仕事と離れていてもかまいません。アセスメントツールを使って実施しています。でも、人事考課とは、考課対象期間にどれだけ成果を出したのかという話です。対象期間の仕事を評価したいのに、日本の場合なぜか対象期間の能力の伸長を見てしまいます。能力は見えないので、本人から「伸びた」と言われれば、「そうだね」と評価するしかありません。誰も自ら「能力が下がった」とは言いません。だからこそ、業績評価なのです。

　結果だけで評価はできますが、業績評価だけでは足りません。より業績（結果）を確実にするためには、結果を出すための職務行動、つまり職務記述書に書かれたことをきちんとやっているのかということを、つまり、行動も評価しておいたほうがいいです。すなわちプロセス評価、行動評価をしておけば、確実に行動を起こすことができ、その行動によって結果が出るので会社としては良い仕組みとなります。これは、職務等級制度ではあるのですが、プロセス行

動評価を採り入れた役割等級制度とあえて私は言っています。

> **Column 6　欧米の評価の仕方**
>
> 　欧米の場合は、職務記述書に基づき業績評価をするだけです。ただ、日本には職務記述書がありませんから、単に行動評価をしておけば結果は出るだろうという意図でよく「プロセス」と呼んでいますが、これは意味が違います。実は職務分析から行動（仕事）は出てきますし、その行動を評価することも可能です。さらに行動ごとの目標設定することも可能になるので、プロセス行動評価をしておけば業績が出ます。このため、業績評価とプロセス評価をセットにしたほうがいいことは間違いありません。ただ、このプロセス行動評価を、職務分析をせず能力評価と勘違いされる方が多くいることも確かです。プロセス行動評価は、能力ではなく結果を出すための仕事のやり方をしっかりと書き出して、その書き出した仕事をやったかやらないかという評価です。決して人の能力を評価しているわけではありません。

人材・雇用のミスマッチ解消には人材の流動化が必要

　日本の生産性が落ちている原因の一つに内部・外部労働市場における人材のミスマッチ、雇用のミスマッチがあります。現在、社内における失業者（雇用保蔵者）を含む潜在失業率は、人手不足による非正規社員の増加によって減少していますが、内閣府による調査（年次経済財政報告）では、リーマンショックの影響を受けた2009年第一四半期には13.7パーセントもあったと言われています。

　そして、現在でも雇用保蔵者数は200万人近くいるとされており、この企業内失業者の賃金負担が大きいこともありますが、この人たちは企業外に出て活躍した方が、生産性を押し上げるとされています。つまり、人材を流動化させるということです。人材の流動化をしている国ほど、労働生産性が高いとも言われています。

　アメリカでは、人材を流動することが普通で、転職、通年採用が当たり前です。採用時に、仕事の詳細を示した職務記述書や必要な能力を示した明細書を提示します。これによって、明確に目標は設定され、評価の尺度もはっきりし

ています。また評価に伴う社員に対する処遇もシビアで、会社によっては下位10パーセントに評価された社員はリストラ対象です。日本では今、解雇制限を緩和しようという話がある一方で、アメリカでは現在、社員をむしろ育成し、社員同士のコミュニケーション促進と組織へのエンゲージメントの醸成に力を入れているようです。このエンゲージメントの部分については、先ほどの業績評価だけではなく、そこにチームワーク（協調性）を加えています。後は責任性であるとか、日本の人事考課制度でいうところの意欲態度に該当しているのが基本のようです。

> **Column 7　アメリカのトレンドと日本の解釈**
>
> 　エンゲージメントという概念は、新パフォーマンスマネジメントと呼ばれ、今、アメリカにおいて人事制度のトレンドになっているようですが、これだけを捉えて勘違いしてはいけません。<u>この根底に、職務記述書による雇用契約と三面等価の原則がしっかりと存在していることを忘れてはいけません。</u>だからこそ、業績を前提に裁量を与え、従業員を自律に向かわせることができるのです。このため、エンゲージメントやチームワークの重視は、この行き過ぎを抑えるために進められるもので、そもそも雇用に対する希薄な契約概念からこれらを表面的に捉えてしまうと、間違った解釈になることが懸念されます。つまり、根底に職務等級制度がゆるぎなく存在していることが前提であるにもかかわらず、コンピテンシーのように日本的に解釈することで、まるで欧米が能力主義、能力給に移行してきたと勘違いし、日本の能力主義は間違いでなかったと誤解してしまったのと同じです。

成果主義人事制度の失敗に学ぶ

　ここからは、職務分析の説明をしていきます。その前に、「職務とは何か」ということを具体的に解説していきます。今後、賃金制度、人事制度を変えていくとなった場合、過去の成果主義人事制度の失敗があり、これに学ぶ必要があります。

　失敗した理由については、組織デザインで７Ｓの組織デザインフレームを使い、説明します。

| 組成デザインのフレーム |

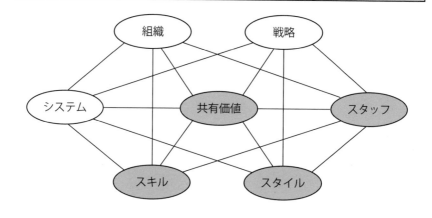

7－Sフレームケース（組織の7S）

　この図中のシステムに人事制度が当てはまります。したがって、人事制度、賃金制度を触るというのは、まさにシステムを触ることなのですが、このシステムは共有価値に連動させなければならず、システムだけを触っても本質的な動きにはなりません。そして、この共有価値をどう実現していくのかは戦略です。そこから戦略を実現するために、どういう組織を作るのかとなります。システムは、全ての要素とつながっていないといけません。経営目的あるいは経営理念、経営戦略、そして人事制度が連動しているかということです。これらを連動させずに人事制度だけ変えても機能するはずがありません。ましてや、賃金制度や評価制度だけを変更しただけでは、混乱を招くだけで効果が出ようはずもありません。

　日本では、人事制度を作るときにまず経営者の姿勢（スタイル）から入り、共有価値、そしてスタッフに連動させているのをよく見ます。このため、会社の理念を実現するために、どのような人材が欲しい（期待像）のかという話をしながら進めています。しかし、スタッフだけでそのシステムが動くのかといったらそうはなりません。戦略に連動させ、職務を含むプロセスを明確にしておかないと、いくら立派な理念に合わせた期待像を作ったところでそれは絵に描

いた餅であり、行動には結びつかず業績への効果は期待できません。本来、7Sのバランスをしっかりとらえながら、会社のシステムの一つである人事賃金制度を作らないといけませんが、それをせず新しい制度に飛びついてしまったというのがよくある大きな失敗理由です。

Column 8　「成果主義」にうんざり？

職務基準の人事制度が毛嫌いされているのは、「成果主義」という用語に、あまりにもうんざりしていることも原因です。これに関して、「成果主義は、人を大切にしていない」とよく言われますが、解雇がなく終身雇用が生んでしまった甘えとしか思えません。仕事で成果を出すのは当たり前です。成果主義に対する理解不足で、行き過ぎたために弊害が生じただけです。能力主義の対語として成果主義という言葉が使われたのですが、決してそういう意味合いではなく、職能資格制度であったとしても本来は成果を出さないといけなかったのです。

業績を上げるための行動を科学する

経営戦略を実現するために人事制度を構築するのであれば、経営戦略に連動した仕事の与え方と仕組みが必要です。簡単に書くと次のようになります。

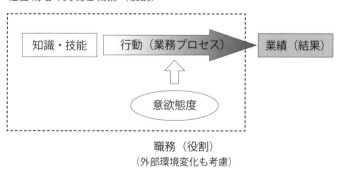

従業員が「結果を出したい」と思っているだけでは結果は出ません。まずは

結果を出そうと思ったら、それなりの知識・情報、技能が必要です。しかし、知識・情報と技能だけあれば結果が出るのかといえば、そうではありません。偏差値の高い、頭がいい人間が集まれば、仕事をして結果が出るかと言えば、それだけでは出ません。もしかすると、頭のいい人ほどリスクを考えて動きが鈍くなる分、結果が出ないかもしれません。また、行動を起こしたけど結果が出ないということは、その行動が間違っていたか、さらには知識、情報が間違っていたかのどちらかです。

　「やる気」だとか「モチベーション」という言葉をよく耳にしますが、特に高いモチベーションがなくても普通にできるようにするべきです。好きな仕事ができれば一番いいのですが、多くの人は仕事を好きでやっているわけではなく、仕事を嫌々ながらやっているものです。別に嫌いでもいいのです。その代わり、ちゃんと答えを出させるという行動を教える必要があります。その行動は、会社では業務プロセスになります。業務プロセスとは、業務の流れと職務内容を示します。仕事の仕方は内容として決まっているけど、仕事の流れを間違えたら結果は出ません。作業を1、2、3の順でやるよりも、1、3、2でやったほうが早くて品質が良かったらそう改善するべきです。しかし、業務の流れもやることを間違えば、期待される結果は絶対に出ません。極論をいえば、やる気のない人でも、手順通りにやらせれば結果が出るようにしておけばいいのです。

　そのために科学をする、簡素化することが大切です。別の言い方をすると、難しいことを素人でもできるようにする（素人化）ことです。ここで科学とは、テイラーの科学的管理法を言い、これは実は職務分析の基礎となっています。動作を分析して、そのかかる時間を計って、分析した動作を改善して、それで唯一最善の方法を見つけ、それによって決めた作業と出てくる時間が標準時間です。標準作業、標準時間、それを可能にしたのが科学的管理法であり、この中の手法である職務分析です。

熟練者の仕事を分析し素人化する

　なぜ科学的管理法ができたのかを説明します。おおよそ1800年代後半の欧米の企業において、当時、生産の責任を持っていたのは熟練者でした。

　熟練者が仕事をすると早くて品質がいいのですが、熟練者であっても当然さぼれば生産性が落ちます。それによって経営に影響が出てきます。熟練者の気分や体調次第で生産量と品質が崩れることになります。しかも熟練者には高い賃金を支払っています。これを何とか解消できないかと、未熟練者を活用しようと考えました。未熟練者は熟練者の仕事をすぐにはできませんから、熟練者の仕事を分割しました。つまり分業して簡単にし、素人化して未熟練者にやらせようというのが、そもそもの職務分析の基本です。科学的管理法とはそういうものです。だから、例えば今でも、トヨタとかキヤノンとかでは、本当に景気に影響されないぐらいに利益を出しています。なぜかというと、科学的管理法を徹底してやっているからです。ストップウオッチを持ち、もっと早い作業の仕方がないかと動作を分析し、行動を改善しながら、0.1秒単位で短縮していきます。このように科学的管理法で簡素化したものを未熟練者に行わせる手法が、プロセス、流れを明らかにして職務の内容を固めていくというやり方と一緒なのです。つまり、結果を出させるための科学的管理法なのです。

Column　9　プロセスアプローチ

　プロセスアプローチという用語があります。これは、顧客視点から部門横断的にプロセスを構築することをいいます。プロセスは、業務と訳したり、機能と訳したりします。業務なり、機能にアプローチをする、これは職務（役割）等級人事制度の構築をしていくことになります。先ほどの7Sにもありますが、まずは、しっかりと経営戦略を立てることが必要です。経営戦略に基づき、個人や部門の垣根を越えて、意見を交わします。その前に、きちんと経営戦略を立てようと思うなら、内部環境、外部環境を分析します。人事制度だけを変えても会社は絶対良くはなりません。経営戦略に応じた形で機能を洗い出し、流れと仕事の中身で整理をし、それを社員に引き受けさせるという流れじゃないと、間違いなく結果は出ません。

　ですから職務（役割）等級制度はプロセスを大切にするし、ジョブ型の組織であっても、職務を硬直化させないよう、このようなプロセスアプローチから導き出され

> た業務を職務に展開していくのです。経営戦略から機能を展開して、そこから導かれた職務に人を当てはめます。結果を出すためにはこのやり方しかありません。

2・6・2の法則

　また、できる人でなく、できない人のことを考えないといけません。組織にはよく2・6・2の法則があると言われることをご存知でしょうか。

　中間の6割は与える職務を書いておけばやってくれるけれど、下の2割は書いても全然やりません。でも6割の下のほうだって、もしかしたらやらないほうに入ったりします。その人にしっかり働いてもらおうと思ったら、まずはきちんと職務を書いて契約（約束）をしておく必要があります。そして、実践するプロセスも整理しておくべきです。また、結果を出すための環境づくりも必要です。例えば、OFF-JT研修で各会社から命令されて参加し、営業の仕方を教えてもらったところで、そこで知識は付くかもしれませんが、会社に戻ったら相変わらずこれまでと同じ業務の流れの中で営業をします。研修で学んだものを実践させない会社の仕組みがそこに歴然とあるのですから、結果が出るわけがありません。挙句の果てに「何しに研修に行ったんだ!?」と嫌味を言われる始末です。つまり、仕事のやり方や仕組みを変えなければ期待される結果は絶対に出ないし、その中で何をさせるのかを明確にしなければなりません。だからこそ、職務記述書なり役割基準書が大事なのです。

職務等級制度だからこそ育つプロ

　職務および職務等級制度について説明します。一つの組織が効果的に機能するためには、そのメンバーが各々最大限の貢献をするように仕向けなければなりません。今の日本の多くの人事制度には基準書がないので、仕向けているとは言えません。あえて言うなら、本人の等級レベルに見合っているかどうかとは関連なく目標管理制度上の目標はあります。しかし、最大限の貢献をしてもらうためには、組織によって達成すべき仕事を個々人によって効果的に遂行されるような単位に分割しなければなりません。この分割される仕事の最小単位がジョブです。仕事を別々の職務に割付けるということは、遂行される仕事の管理に役立つだけでなく、これらの職務に就く従業員の選択、人材の開発、動機付けにも役立ちます。職務を明確にしますから、将来に向けて期待される従業員の能力をできるかぎり短期間で開発しなければなりません。このため、実践的な訓練等の能力開発制度が求められます。

　日本は、能力主義の職能資格制度の下で、企業はこれまで多額の教育訓練費を投入してきましたが、企業の支出する教育訓練費はバブル期以降減少し、国際比較では製造業でさえ水準は低くなっています。しかもこれまで企業内でしか使えない人材づくりをしてきましたから、社外では活用できるかどうかも不明です。これは非常に致命的で、転職した際には生産性が落ちる原因の一つです。

　職務を明確にすることは、従業員のキャリア選択、人材開発、動機付けなどに役立ちます。経営戦略、事業計画を踏まえた組織体制、それから役割分担と、賃金、処遇を一体化できる人事管理は、まずは職務を基準としなければ成り立ちません。私は、職能資格制度を否定しているわけではありません。職能資格制度であっても、これらを明確にした上であれば十分活用できます。ただし、繰り返しになりますが、能力と職務を明確にひも付ける、職能基準書を作る必要があります。職能資格制度を運用するのであれば職務調査を実施し、職能基準書を作成し、能力と仕事、そして結果をしっかりと結び付けて欲しいと思っています。

　なお、日本では、正規社員と非正規社員の賃金格差の解消という問題から、

同一労働同一賃金が取り上げられ、対応した賃金として少しずつ職務給が注目され始めてきましたが、賃金の性質だけではなく、その根拠となる職務に注目し、これを明らかにすることが、組織の運営上もっとも重要なことであることを見落としてはいけません。

> **Column 10　徒弟制度でプロを育てる**
>
> 　徒弟制度で人（プロフェッショナル）が育つと思うのですが、日本では労働基準法69条で徒弟制度の禁止を規定しています。欧米では、過去の徒弟制度を公的な職業訓練に応用展開し資格を付与しており、特にイギリスでは4000ほどの資格があるとされています。外部で職業訓練を受け、資格を持った人間が、その価値を持って入社します。企業内だけでなく日本の職業訓練等の積極的労働政策の公的支出は国際的にみても低い水準にあります。これのどこが能力主義なのだろうと思います。

散髪屋の仕事で考える「職務」とは

　「職務」とは一体何でしょうか。1軒の小さな散髪屋を想像してみてください。
　そこでは主人が1人で散髪屋を営んでいます。お客が来れば、彼は1から20までの仕事をこなしています。しかし、お客さんが増え従業員を雇い始めると、例えば1から3を分業したりします。理髪台に座ったら、白布をかけてくれて髪を濡らしてくれます。準備ができると髪を切る人に交代します。つまり、1から3を1人がやって、4と5を2人の職人がやる、さらにここからまた分業して、ひげをそって頭を洗ったりする従業員が現れます。このように、散髪屋さんがお客さんの散髪などをしてお金を回収するまでに、つまり、散髪屋を経営するだけでもこれだけの仕事が存在するわけです。
　ここで、科学的管理法における分業に話を置き換えると、この散髪屋で多くのお客さんを効率良く、髪を切ってひげをそるためには、どういう分業の仕方が一番いいでしょうか。
　答えは同じ程度の難易度の仕事を束ねるのです。ひげをそるのと髪を切るのでは全く難易度が異なります。どちらが難しいかというと、髪を切るのが一番

難しいでしょう。次にひげ剃りとなります。要は簡単なものは簡単なもの、難しいものは難しいもので束ねていきます。これが職務です。職務とは仕事を同じ難易度で束ね、それができる人に渡していくことです。この散髪屋の事例では、4つの職務に束ねることができます。

散髪屋の職務

　町はずれにある一軒の小さな散髪屋を考えよう。そこでは主人が1人で散髪屋を営んでいるとする。お客がくれば、彼は
1　そのお客を理髪台に招き、
2　白布でお客の身体をおおう。
3　髪を水でしめらせてから、くしで髪に分け目をいれる。
4　バリカンで髪のすそを刈り、
5　次にくしとはさみを使って髪を刈り上げる。
6　刈り上げが終われば、白布を取り除いて髪のはえぎわとひげをそる。
7　ひげそりが終われば、お客を洗面台に導いてシャンプーで髪を洗う。
8　再び理髪台にお客を座らせて、
9　顔にクリームを、次にパウダーを塗り、
10　頭髪に整髪剤をつけてくしをいれる。
11　これで理髪が終わるので、お客にかけた白布をとり、
12　お客が理髪台を降りれば、服にブラシをかける。
13　お客から料金を受け取り、愛想よくお礼を言って送り出す。
このほかに仕事の合間を見て
14　床、洗面台、理髪台の掃除を行い、
15　くし、はさみ、バリカンなどの用具の手入れをしたり、
16　タオルや白布の洗濯をする。
そのほかに、
17　いろいろの仕事の段取りや、仕事の手順を考え、
18　多くのお客の名前を記憶し、
19　1日、1月の収入を計算する。
20　さらにお客を増すために、店の設備　理髪の仕方、その他のサービスの改善を考える。

職位という言葉がありますが、これは1人分の作業量のことを言います。「課長」だとか「部長」を職位と言う人がいますが、人事制度上の定義では1人分

の作業量のことを言います。職務とは異なる概念です。したがって、散髪屋さんに、従業員が10人いるのであれば、難易度が違っても人それぞれに持っている仕事（量）は10あるので10職位となります。職務で言えば4職務です。職位そのものであったり、この中にある同程度の難易度の仕事（課業）を束ねたものが職務になります。

　職位で行われる仕事の種類と性質、簡単に言えば、仕事の範囲が同じであるかどうか。その職位の仕事を行うのに必要な経験、知識、技能等の種類、それから程度が同じであるかどうか。その職位に課せられている責任の程度が同じであるかどうか。それらを判断して、職位を職務に束ねるということです。だから職務等級制度で職務を編成しようと思ったら、職位を分析するしかありません。1人分の仕事量にはなりますが、仕事の内容、業務を洗い出すしか方法はないのです。職務として束ねるということは、誰が今どのような仕事（職位）をしているかをまず分析し、同じ程度の仕事は効率を考えて束ねたほうがいいとして、職務（あるいは職位）に束ねます。仕事内容の分析をしないことには、職務には束ねられません。

　職位に難易度があるのですから、当然、職務にも難易度ができます。したがって、職務の難易度つまり価値に応じた賃金、これで職務給の高低の差が出るのです。

Column 11　「職務給」は日本での造語

　実は、「職務給」というのは日本の造語なのです。海外では職務給とは言わず、「職務分析、職務評価によって支給される賃金」とされています。職務分析、職務評価によって支払われる賃金だから、分析が基本になります。ただ、職能資格制度も職務調査を行います。そもそも職能給は、職務給へ移行するための架け橋的な人事制度と言われていました。職務給に一気に行くのは、どうも日本の風土にも合わないし、難しい。しかしだからといって、諦めるわけにはいかない。職務給が最も合理的な賃金であるということは分かっている。分かっているけれども、一足飛びに行けないので、まずは職能給で運用しながら、時期を見ようというのがそもそもの話です。それが30年以上も続いてしまったのです。

アメリカにおける職務給制度の発展

　そもそもアメリカにおいて職務分析というのは過去からあったのかというと、フレデリック・テイラーの科学的管理法によって確立しています。

　この当時の賃金は、基本的に出来高給、能率給です。仕事をやった分だけ賃金がもらえる、刺激的で公正な賃金と言えます。縦軸が賃率で横軸が出来高あるいは能率となります。

　欧米では、賃金とは「能率(給)」です。仕事を測るものとして、まずは能率ということです。ホワイトカラーも同様です。歴史的には1836年から、アメリカの連邦議会の政府職員たちが、自分たちの仕事の難易度をはっきりさせてくれと請願をしたのが始まりです。実際に確立していくのは、1911年のシカゴ市ですが、

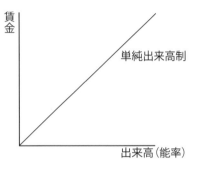

1923年に政府職員に対して職階法の適用が始まります。この確立に、科学的管理法の手法が寄与しています。それまでは、何とかこの仕事の難易度を測りたいけれど、確立した手法がなかったのです。テイラーの科学的管理法というのは非常に重要だということです。

　職務で管理されるまでの人事制度は、職位分類制度になります。日本語に訳すと職階制度です。さきほど職務と職位について説明をしましたが、同じような難しさの職位(あるいは課業)を束ねて職務になります。職位は、従業員の人数分あり、このため職位は管理することが非常に煩雑になります。この管理する数をどうするかと考えていく中で、職務が生まれてきました。

　なお、職務という用語が実際にアメリカにおいて使われるのは、1930年以降つまり科学的管理法が確立して以降です。それまでは課業であるとか、あるいは職業という用語が使われていました。

アメリカにおける職務給制度の発展

1880年　「時間と動作」フレデリック・テイラー　…　組織の研究、職務分析、能率給
1881年　アメリカ労働総同盟（ＡＦＬ）⇒　合衆国・カナダ職能別労働組合連盟へ
1909年　コモン・ウェルス・エジソン社が職務評価

第一次大戦中　企業において、職務記述書を整備、雇用配置、昇進などに利用する動き
1915年　アメリカ労使関係委員会が、女性は男性と同一サービスの場合に同一報酬を受けるべきと勧告
1920年　女性に参政権が成立
職務評価方法の確立
　序列法の他、1922年カーネギー技術研究所人事調査室が等級法（分類法）
　1925年　メリル・R・ロットが点数法を考案
　1926年　フィラデルフィア高速度交通会社のユーゲン・J・ベンジと同僚バーグとヘイなどが要素比較法を考案
1923年　政府職員に職階法が適用、同一労働同一賃金が実行に移される（1949年改正）
1938年　労働基準法　…　最低賃金の底上げによって、旧来の賃金序列の再編成
1942年　賃金凍結法　…　職務給を導入している企業は、容易に昇給に戦時労働局の認可

第二次大戦中　政府内に戦時労働動員局、戦時生産局、全国戦時労働局の創設、動員計画労務管理、賃金管理が政策として進む中、職務給制度の普及、全国的な賃金調査と労使および政府が協力して労務管理の発展に寄与し、職務評価も次第に普及

1963年　男女同一賃金法（均等賃金法）
1964年　公民権法

職務の定義とは

> **職務の定義**
>
> 職務とは、個別的分業を人間の主体的活動の側面から定義した概念であり、職業あるいは職種に次ぐ単位です。職務は個々の労働者に分業、分割された労働者1人分の労働力を必要とし、一定の目的に規定された動作から構成される一群の課業として定義される職位において、その遂行に必要な知識、熟練、責任、義務、あるいは遂行上の困難度などの要因の観点から、類似するもしくは事実上同一の種類や程度のものを一単位として編成される管理単位のことを言います。

　職務は、職務分析、職務記述書、職務明細書、職務評価など、人事管理の諸技術により厳密に定義され、しかも労働組合との団体交渉により厳密に規定されてきました。労務管理はそうした職務を基盤に体系化されてきました。また、職務は労働者を効率的に管理する視点から考えられたものであり、経営者の立場からみれば労働者を管理するための端的な管理単位ですが、個々の労働者の立場からすると、自身が従事することになる仕事（労働単位）ということになります。こうした職務の形成および職務の細分化は、テイラー・システムおよびフォード・システムという科学的管理法による個別的分業の延長線上において、企業経営に具体化されました。しかし、これは仕事の基本的な考え方です。作業をやっているうちに、もっと早く作業させよう、正確にさせようと思ったらどうすればいいのか。それは細かく分業させて、分かりやすく、簡単にして遂行させることです。

　しかし、それで人事管理ができるかといったら、それは難しいことです。なぜなら100人の人間がやっている仕事を、100の単位（職位）で、それぞれの成果を評価し、昇給まで個別に考えるというのは厳しいからです。したがって、職位ではなく職務に束ねて、管理単位を減らそうということになります。

　これは職能資格制度も同じです。例えば、大学は何千、何万人と学生がいます。これを個々に管理できますか。できないからこそ、1回生、2回生、3回生、4回生と、保有する能力を束ねて管理します。管理の基準は、必須科目の

修得と取得単位です。このように人事管理の管理単位というのは、企業の管理する能力で決まります。等級数は、従業員の納得性も必要です。単純に従業員の人数で決まるのではありません。

　これと同様に、6区分で管理できる職務にくくれるのであれば6等級制の職務等級制度でいいし、会社側が管理でき社員が納得するのであれば、10以上あっても必要であるならそうすればいいのです。したがって、職位、職務の束ね方だけでなく、会社の管理能力の差によっても等級数は変わってきます。

海外の職務給は労働市場で決まる

　ここでは、職務評価を解説します。

　先ほどの散髪屋の事例ですが、始めはオーナーであり職人の1人で経営していたところが、一定の目的で規定された動作から構成される一群の課業として定義される職位とし、これをその遂行に必要な知識、熟練、責任、義務、あるいは遂行上の困難度などの要素から、4つの職務に束ねました。そしてこれらの職務間の相対的な価値を測るのが職務評価です。職務分析をすることで仕事を洗い出して、職務に編成します。その上で、職務評価を実施し、難易度などの価値で区分し、これに相応しい賃金が職務給です。

　これから同一労働同一賃金を実現していく中で追求しなければならないのは、不合理ではない賃金の公正さです。いかに公正であるかの説明義務が課されます。しっかりと職務評価をしなければなりません。そのため、厚生労働省が非正規社員に対する職務分析、職務評価マニュアルを制作しているのです。この流れを理解しておかなければ、時代に取り残されてしまいます。

Column　12　**海外の職務給は労働市場の需給で決まる**

　日本の職能給とは異なり、職務給は海外では労働市場の需給で決まります。物の値段が市場で決まるのと同じです。日本の場合は、主に会社の支払い能力によって賃金が違います。したがって、中小企業の腕の良いベテラン技能者で、大企業の技能者よりも良い製品を作れることができても、賃金が低くなることがあります。

> ドイツであれば中小企業の技能者のほうが高くなるとも言われています。公で正当に認められている資格（持っている技能）によってできる仕事が判明し、賃金も産業横断的に労使協定で決まっています。大企業は、アッセンブル（組立）をすればいいのですが、中小企業は一から製品を製作する分、技能が高い労働者に対して、高いレベルでの仕事を求めることから、中小企業の賃金の方が高くなる傾向にあるようです。このように、日本とは大きく異なります。したがって、日本の場合は日本型の職務等級制度であり、日本型職務給となってしまいます。

職務評価には4つの方法がある

　ここからは、職務評価の方法について説明します。職務評価には、序列法、分類法、点数法、要素比較法の4つの方法があります。利用されている技法としては、特に点数法が多くなっています。厚生労働省（リーフレット「パート社員の能力をより有効に発揮してもらうために」を参照）は、要素別に評価をする点数法となります。これまで、日本では点数法よりも分類法が多くなっています。それはなぜかというと、本来、欧米で要素比較法というのは、まず各評価要素別、レベル（難易度）別に賃率が設定されており、次に、職務を評価要素ごとに序列法で相対評価し、各職務の評価要素別、評価レベルを導き出します。その後、各職務の、要素別評価の賃率を合計、最終的に賃率（時給）が決まる方法です。例えば、ある職務の知識がレベル1（50円）、技能レベル1（100円）、肉体的負荷レベル2（300円）、精神的負荷レベル1（100円）、作業環境レベル2（200円）、業務責任レベル1（300円）の合計で1,050円の時給となります。そういうことは、日本の労働市場では一切考えられません。つまり、厚生労働省が要素比較法としているのは、単に評価要素ごとに比較しながら評価してくださいと言っているだけで、本来の賃率に結びついた要素比較法とは異なることに注意を要します。

> **Column 13　アメリカの状況**
>
> アメリカで2003年3月に出されたワールドアトワーク協会（World at Work：旧 American Compensation Association）がロヨラ大学のダウ・スコット教授、およびヘイグループと共同で実施したアンケート調査によると、職位、役割あるいは職務に関する記述書がまったくないという回答は3％にすぎず、専門職および管理職の「90～100％の職務に対して職務記述書がある」という企業は32％、「60～90％の職務に対して職務記述書がある」企業は35％、「40～60％の職務に対して職務記述書がある」企業は19％で、依然として多くの企業で職務記述書が利用されているようです。
>
> また、何らかの職務評価方法を用いている企業は96％に達しており、この内、点数法を用いている企業は27％、序列法や職務分類法などの総合的職務評価方法を用いている企業は23％です。一定時期に全般的に各職務の価値を見直す企業は18％にすぎず、60％の企業は職務担当者やライン管理者の要請に基づいて職務価値を見直しているようです。各職務の職務評価結果と外部労働市場の賃金水準によって賃金が決められていて、基本的には、人材流動性が高いということもあり、外部労働市場の賃金水準に一致していると考えている企業は53％です（出典：「日本労働研究雑誌」2004年8月　竹内一夫著）。

内部公正、個人間の公正、外的公正の原則

なお、アメリカの賃金は、内部公正の原則、個人間の公正の原則と、外的公正の原則があり、この公正さを追求したものが賃金ということです。要は、労働市場が本当に均衡していたら、一物一価の原則＊になります。しかし、現実は、一物一価の原則は、ありとあらゆる政策によって、あるいは諸所の思惑によって崩れます。ゆえに、崩さないように公正さを追求することが大切になります。

　　＊一物一価の原則とは、「自由な市場経済においては、同一の市場の同一時点における同一の商品は同一の価格であることが成り立つ」という経済学の原則です。

この視点が、日本にはやや欠けているように思います。ただ、社会的公正配分面から格差を放置することは好ましくなく、本来なら合理的な根拠が必要なところです。しかし、そうではないまでも、公正さを追求するのであれば、科

学的管理法のように、合理的に物事を考え、公正であるということはどういうことかを追求しながら、均衡、均等を図るべきだという精神、思想が非常に大切だということです。

イタリアや北欧の国々は、ILOのパートタイム労働者の均等待遇条項を批准しています。日本やアメリカなどは批准していません。しかし、アメリカは、先の3原則（内部公正、個人間の公正、外的公正の原則）を守りながら、賃金を決めています。

なお、内部公正の原則とは、企業内における同一価値労働については、公正な、公平な賃金を支払う仕組みにするということです。個人間公正の原則は、同じ仕事をしているけれども、従業員によって働きぶりが異なる場合、同一の賃金を支給することは不公正であるというものです。そのため働きぶりに応じて賃金に差を付けなさいということです。ここで、人事考課制度が必要になってきますが、繰り返しになりますがこれは日本のような能力評価ではなく業績評価です。見えない能力による評価は差別につながります。外的公正の原則とは、社員には世間相場の賃金を支払うことが必要というものです。個人別の賃金決定において、他社ではどの程度の賃金を支給しているのかを職務別に調査し、他社の賃金水準を十分に考慮して、自社の賃金を決定する必要性があるということです。こういう公正さを、原則として追求しています。

ここまで職務分析、職務評価、そして職務給というのはどうものなのかということと、公正さを追求するためにこのような手法が生まれてきたことを説明してきました。皆さんは公正さをどのように追求していますか、追求しているとしたら何をしますか。多様な働き方を実現しなければならないこれからの時代の中で、どこまで公正さを追求するのかではなく、むしろ追求せざるを得ないのです。

第2章

同一労働同一賃金を実現するため「職務分析」を理解しよう

職務分析の基本的性格

　ここからは職務分析について説明します。繰り返しになりますが、同一労働同一賃金ガイドラインによって、正規と非正規の賃金格差の説明義務が課され、説明資料が必要になってきます。これは職務等級制度に限らず、職能資格制度であれば職能基準書、職務等級制度であれば職務記述書、役割等級制度であれば役割基準書となります。このように仕事内容を書き上げていく手法のことを職務分析といいます。以下では、その定義とやり方を解説します。

　職務分析の基本的性格は、「観察と研究によって、特定の職務の性格に関する適切な情報を決定し、これを報告する手続きである」（アメリカ労働省）とされています。1948年に日本の労働省が職務分析手引書というものを発行しており、そこには「分析者がその分析の対象とする職務について、観察を基にして、職務を特徴づける一連の諸要因につき、考究を施すことにより、その職務の性質を明らかにし、かつ、それを適切な記述資料に作成する手続きである」とあるなど、様々な定義があります。

　しかし、それぞれの定義に共通するのは「観察」です。観察だけに頼ることはないのですが、職務分析の基本的な考え方がテイラーの科学的管理法から始まっていることからきています。テイラーの科学的管理法は動作研究あるいは時間研究です。動作とは、作業よりも小さな単位です。動作を分析して動作の無駄を排除し、唯一最善の作業方法を確立するのが科学的管理法のねらいです。

> **職務分析の基本性格**
>
> 　職務分析とは、観察と研究によって、特定の職務の性格に関する適切な情報を決定し、これを報告する手続きである。（アメリカ労働省『職務分析』）
>
> 　職務分析とは、分析者がその分析の対象とする職務について、観察をもとにして、職務を特徴づける一連の諸要因につき考究をほどこすことにより、その職務の性質をあきらかにし、かつ、それを適切な記述資料に作成する手続きである。（労働省職業安定労働市場調査課編『職務分析手引書』）
>
> 　職務分析は、労務管理の具体的実施をはかるための基礎資料を獲得するために、職務の内容を解詳してゆく操作である。（藤田忠著『職務分析と労務管理』）
>
> 　職務分析とは、職務または職位の内容、および、それらを限定的に意義づける要素を叙述する事実を組織的に提示し、記録することである。（ティード＆メトカルフ『人事管理』）
>
> > 　職務分析には、①オペレーション職務分析と②人事管理上の職務分析の2種類があり、人事管理上の職務（役割）評価のための分析（職務を遂行する人の熟練、努力、精神的特性の探求）という意味合いが当然、強くなります。

　「1歩：0.8秒、振り向き：0.6秒、手の動き20cm：1秒の無駄」といわれるように、観察によって無駄を徹底的に排除していきます。このため、作業現場では正常作業範囲というものがあり、その範囲内で作業すれば無駄な動きがなく最も早く正確に作業できるとされています。あちこちに動き回ったり、手を伸ばして物を取ったりするという無駄な動作を排除するとか、負担が軽く早く作業できるような最適な道具を研究することで、いかに品質よく、早く、大量に物が作れるかを研究するのが動作研究です。このように「ムダ」「ムリ」「ムラ」（以下「3ム」という）を排除した、唯一最善な作業方法のことを標準作業といい、作業のあるべき姿です。この標準作業が決まっていなければ、各自がばらばらの作業をしますから、品質も不安定になりますし、作業時間も出来高も読めません。標準作業を決めれば、きちんとした作業時間で、品質そしてコストが守られることになります。

Column 14 標準作業は職務分析から始まる

具体的には、熟練者の標準作業を分割、分業することを考えます。熟練者といえども3ムを含んだ作業をしており、これを削減するために観察することから始めます。観察しなければ分かりません。現場の作業者にヒアリングをしても違うことが多々あり、ビデオを撮るとやるべきことをやっていないことがはっきりと分かります。あるべき姿の作業方法を検討し、それを教育訓練し、実行させるのです。一つの工程の作業方法だけでなく、各工程の作業を変えれば、それが結果として大きなプロセス（全工程）につながっていくわけです。その基本になるのが職務分析なのです。

職務評価への利用を念頭にした職務分析

職務分析には色々な用途があります。最初は科学的管理法による現場改善に活用していましたが、それを人事・組織管理や、教育、人事考課などに反映させることができます。本書では特に、⑥の職務評価への利用を念頭にした職務分析について説明します。

職務分析の用途	
①組織管理への利用	企業目的を達成するために必要な職能は何であるか、それは互いにどんな関係にあるのか、どの課業はどの職位、単位組織に分担させるのが能率的であるかを明らかにしなければならず、そのためには、組織の現状を把握する必要がある。
②定員管理への利用	職場、部署、あるいは機械装置ごとの必要な仕事の種類を決定すること、その仕事をまとめて職務を編成すること、および、その職務を担当する従業員に要求される資格要件を明らかにすることである。必要な職務ごとの従業員数を明らかにすることは、いわゆる作業研究・業務分析であって、職務分析の任務ではない。
③雇用管理への利用	従業員の採用、職場への配置、またはその異動、昇進など、年功や情実、あるいは縁故によってではなく、職務が要求する資格要件を従業員が備えているかどうかによって行われるために、職務に課せられた仕事と責任、職務に要求される知識、熟練、能力、特性の種類と程度が明らかになってなければならない。

④教育訓練への利用	職務が要求する能力水準を確定するとともに従業員が現にもっている能力の水準を判定する。
⑤人事考課への利用	職務で要求される遂行度、責任度および能力と適性の種類と程度を明らかにすることによって、業績考課と能力・適性考課ができる。
⑥職務評価への利用	職務評価を行うためには、個々の職務が必要とする資格要件、はらわなければならない努力、果たさなければならない責任について、他の職務と区分する要点を明らかにする必要がある。この差異を明らかになってなければならない。

　職務分析表では、職務の内容を1、2、3と手順で書き出していきます。それぞれの作業において、どのような能力がどのレベルで必要なのか、この作業にはどれぐらいの体力を使うのかとか、精神力を使うのかということは、作業分析をしないことには分かりません。作業分析はどれぐらいの体格や、視覚など感覚の鋭さが求められるのかにも及びます。

Column 15　職務分析の実際

　例えば、職務分析を実施した某製鉄会社では、作業者にマスクをさせて、作業中の二酸化炭素の排出量を調べるなどして体への負荷を調べていました。某自動車会社では、立ち作業で動いてなかったらどの程度の乳酸が脚にたまるかを調べたようです。

　つまり、職務分析は科学的追究をすることなのです。科学とは、簡単な方法は何かということを追究して、作業の手順だけでなく、能力的にも体力的にも精神的にも楽になる方法を探していくことです。例えば、照明を暗くしたら作業ができなくなりますので、最適な照度があります。昼食後は生理的に眠くなる時間ですが、事務室の温度は最適なのか、従業員の眠気を押さえ集中させようと思えば、少し寒いくらいに設定します。人間関係論で有名な実験であるホーソン実験は、実は当初は作業環境を含めて能率を上げるための最善の方法論を追究していましたし、それが科学というものです。

　ただし、人事制度を作るために、必ずしもコラム15のようなことまで行わなければならないということはありません。職務分析は必要ですが、どの程度行うかについては、その用途で明確にしておけばいいのです。よく職務分析は

面倒くさい、難しいと言われますが、難しく考えて実施すればいくらでも難しくなります。簡単でいいと思えばその程度でいいのです。要は、人事制度の公正さがいかに担保できるのか、つまり従業員が納得できるものにできるのかというだけです。したがって、特に今の日本企業を取り巻く環境を考えれば、職務分析の仕方も会社ごとに違って当たり前です。

しかし、人事制度の再構築によって必ず成果（企業の業績）を出したいと考えるならば、それなりにきちんと実施しなければいけません。このため結構長い期間のかかる、大変な作業になることも間違いありません。およそ半年間ほどかけて職務分析をして、あるべき姿の業務の流れと職務（作業とその手順）にしていきます。あとは、職務に束ねて基準書を作ることを2カ月ほどかけて行います。分析は半年ぐらいかかりますが、結果は必ず出てきます。これまでの仕事のやり方に問題があれば、このやり方を変えていくことで、新たな人事制度を導入する前に結果が出るのです。

以下では、「プロセス展開表」を活用した職務分析方法を紹介しますが、プロセス展開表を作成している過程で従業員の行動が変わっていくため、結果（業績）が出はじめます。

職務分析で明らかにすべきもの

職務分析で明らかにしていかなければならない情報は「遂行業務」「遂行要件」「遂行量」の三つです。遂行量（結果責任）については、日本の人事管理上、能力を中心に管理するため、非常に軽視されています。しかし前述したように、欧米では職務は能率を前提に発展してきたため、遂行量を明らかにすることは当然です。

それから、仕事の自然増殖から生じる能率の低下があります。先のメンバーシップ型組織図（31ページ）の丸（人間）の周囲に、空白があります。この空白を埋めるように人を入れれば人の自然増殖になりますし、もう一つは1人の人間が膨らんで勝手に仕事をつくり出します。「日本企業では、従業員が勝

手に仕事を作り出す」とよく言われるのはこのためです。したがって、ローテーションで異動する管理職が、部下の全ての仕事を把握できないのは当たり前です。

　職務分析は、いかに効率的に、人を活用するかを目指します。「仕事は厳しく、きつく」そこのメリハリがどうも日本人はつけにくいようです。また、これを管理できる管理監督職がいないのが原因です。元をたどれば、経営者が発破をかけるだけで、指示はいい加減というのもあるかもしれません。

　また、事務・技術職、つまりホワイトカラーの職務分析についても、職務調査票やプロセス展開表を活用し、全ての業務を洗い出すことができます。しかし、ホワイトカラーの場合、多くの業務が「誰々がやっている仕事（職位）」のようにその担当者と密着していることから、つい能力に引きずられ惑わされてしまうことがあります。こうならないためには、職務基準であることを念頭に置いてまずは業務と人（担当者）を分離し、部門ごとに部門の目的と手段（目的を実現するための業務）の連鎖を業務体系として洗い出した上で、職務編成を行うことが重要です。

Column　16　管理職の職務分析

　管理職の職務分析については、非管理者の職務分析結果を活用し、基準書を作成することになります。経営者と執行組織の間に位置する管理職の機能には、「計画」「組織化」「指揮・指令」「調整」「統制」の5機能があり、これらの機能を書き出していくことが求められます。このため、自部門の職務分析から洗い出された全ての業務についての職責をこの5機能で整理することになります。各管理職の部門目標（期待される業績）は経営目標から落とし込まれており、これを達成するために自部門の全業務をどのように果たすかということになります。ただ、リーダーである管理職の役割は、変化に富み、多様であると同時に、部下のモチベーションを向上させるなど対人関係に関わる機能もあり、全てを記述することはできませんが、できるかぎり具体的に遂行業務と期待される成果（業績）を記述することが求められます。

職務調査票の作成方法

　ここからは、プロセス展開表について説明します。資料1（102ページ）をご覧ください。これを資料2（104ページ）のように埋めていきます。A、B、C〜というのは、課業の流れです。各課業には作業が、1、2、3〜というふうに職務（役割）行動能力、つまり行動で書いていきます。資料2は、病院の総務人事課の仕事の一部です。

　基本的には、従業員に書き出してもらいます。始めは専門家の支援が必要かもしれません。資料2を見てもらって「書いてください」と言ったところで、なかなか書くことはできません。なぜなら、書く目的はもちろん、要領を理解することが難しく、さらには自身の仕事を書き出すことに対する抵抗もあるからです。

　このため、まずは簡単に、「およそ1日は、どんな仕事から始まるのか」を聞きながら書き出します。この作業を容易にするために、職務調査票（資料3、110ページ）を使用します。職務調査という手法は、本来は職能資格制度で使う言葉ですが、この様式は、決して能力を書き出すために作っているわけではなく、職務の内容を把握するための予備調査という意味で「職務調査」と使っておりますので、誤解しないよう注意してください。

　職務調査票に業務名と具体的課業内容を記載します。その課業内容の右側に、1、2、3、4、5、6と、手順を書いていきます。

　職務調査の内容は、現状業務とその問題を整理し、対処方法を検討するために活用します。したがって、部門全体の業務の流れとその内容、課業あるいは作業の問題などを洗い出せるように、人選を行い実施します。この職務調査内容に基づき、後日、専門家が従業員にインタビューあるいは討議する中で、内容の確認をしていきます。後日のインタビューあるいは討議の結果が、先ほど見ていただいた資料2のプロセス展開表を書くフェーズになる、ということです。

職務調査票に書く要領

　資料3の職務調査票に書く要領を説明します。まず、日々遂行している仕事をイメージしてもらいます。具体的に出社から退社するまで、どのような仕事、行動を起こしているかを順に思い出し、記入してもらいます。その際、普段作成している資料、帳票などアウトプットされるものを思い浮かべてもらうことにより、具体的に仕事がイメージでき、書き起こすことができます。ただ、「綺麗に書こう」と思うと手が止まりがちになりますので、まずは細かいことは気にせず、とにかく作業を思い出し、作業順に記述してもらうよう促します。

　日々の仕事が終われば、発生頻度にあるように、週単位、月単位、四半期、半期、1年単位で遂行する仕事を、その後に不定期の仕事を書き出してもらいます。

　同時にその課業を遂行する上で、あるいは遂行した際に、問題があると感じている点や遂行上のリスクが潜んでいると感じている、注意していることなどを記述してもらいます。これらを「遂行上の問題点およびリスクとその解決方向」の欄に、「よく何々が起こるため何々することにしている」と記述してもらいます。多くの従業員は、「もっとこうすればいいんだけど」とか、「これ、よく起こるんだよなあ」とか思いながらも、現状を変えずそのままやっています。自分は悪くないのだけど、そのまま業務を遂行していることからクレームや不良につながっていることも理解しています。そういう気持ちを拾い集め、改善につなげていくのです。

　最後に、具体的に課業内容（作業）を書き終えたら、ひとまとめにできる作業から課業名を決め、同じように目的が同じ課業をまとめ最も適切と思われる業務名を書きます。業務名、課業名を意識していないことも多く、まずは業務の手順を記述すること注力してもらいます。最終的には、第三者の目（専門家）を活用し、プロセス展開表によって部門の業務を洗い出すことになります。

職務調査票の例

　資料4（111ページ）をご覧ください。制度構築のために作成した職務調査票です。これは大学の事例ですが、大学や病院というのは、本来、専門職が多く、職務等級制度が当てはまりやすい業界です。公務員の人事制度を準用するところが多いのもこの業界の特徴で、年功序列、年功賃金です。職能資格制度の導入についても拒否反応を示すことが多くあります。

　この職務調査票を見ていただいて、例えば業務として「渉外業務」を取りあげて説明します。この中身を見ていただくと、具体的な課業内容に書かれているのは、作業とその手順です。各具体的作業には担当者等級が示され、旧制度では4等級の人がやっていますが、新制度では5等級がやることになるという意味です。さて、これを見ていただくと、一つの課業に色々な作業があり、作業ごとに色々な等級が示されています。作業の中で、5等級しかできない仕事や、2等級でもできる仕事、4等級でなければできない仕事などが混在しているわけです。これを一課業一職位にすると、例えば3等級の人にこの課業を任せたところで、これを独力で遂行することはできません。5等級じゃないとできない能力が必要な行動を、3等級の人が1人でできるはずがないのです。このように職務調査をし、課業を作業に分解し、難易度を洗い出した結果、管理者が「だから部下にはできないのだな」と、どれだけいい加減に職務を担当させてきていたのかに初めて気づくのです。部下が独力でできると思い込んで仕事を与えたけど、蓋を開けてみると期待通りではなく、頭を抱えながら低い評価にしていたけれど、実際のところこれは仕事の与え方が悪いだけということもあるのです。また、指導の仕方が悪いということもあります。フォローしなければできない4等級以上の作業があるにもかかわらず、3等級の部下に丸ごとやらせてもできません。できないところは分業するか、例えさせたとしても上司として責任を持って支援するしかありません。こういうことも含めて、職務の編成はしなければいけないのです。職務の編成というのは、職能資格制度であったとしても同じです。職務編成は職務等級制度だけのことではないのです。

プロセス展開表の記入方法～「朝起きてから会社に行くまで」で練習

　プロセス展開表（資料１、102ページ）を活用し、職務分析の簡単な演習をしてみましょう。朝起きて会社に行くまで、つまり、家を出るまでにやったこと（仕事）の洗い出しをしてみてください。朝起きて家を出るまでの仕事（やったこと、やることを）について、手順を先に思い出しながら書いてみます。後から業務名を付けてもらってもいいです。まずは起床します。Ａ列が起床する。では起床の手順は？　どうやって起きていますか？　目覚ましは夜セットしているとして、まずは布団から出るまでの行動です。布団から出るまでの行動としては、目覚まし時計のアラームを止める、電気をつける、眼鏡をかける…でもいいです。その後起きてから、次は何をしていますか？　それが次の業務（Ｂ列）です。人によっては、起きてから顔を洗って、男性だったらひげ剃りをしたりします。ランニングをする人もいるでしょう。それも仕事（業務）です。朝食をとるのもそうです。トイレに行くのも、パジャマを脱ぐのも、外出着を着るのも仕事です。こうやって書き出して見えるようにすると、朝起きてから結構、仕事をしているのが分かります。

　このプロセス展開表のように、日々、朝起きて家を出るまで様々な作業をしていることが分かります。Ａ、Ｂ、Ｃ～という業務とその流れ、そして、各業務は、１、２、３～という行動で成り立っています。これらの業務を遂行した結果を、仕事の結果を測定するための指標であるＱＣＤ（Ｔ）にあてはめて考えてみます。Ｑは品質、Ｃはコスト、ＤあるいはＴはデリバリーあるいはタイムで、これは納期（時間）を意味します。仕事である以上は、必ずこの３つの指標で測ることができます。

Column 17　朝の時間を短縮させるための「改善」事例

　仮に、朝起きて家を出るまで１時間かかっていたとします。これを１時間かけずに50分で家を出よう、10分削減しようと思ったらどうしますか？　10分削減ではなく、10分早く起きようというのは改善ではありません。改善とは、より良く、より安く、より早くできないかなどを追求することです。知恵を出すことです。そのためには、やり方を変えなければいけません。どこを変えるかは、それぞれの人によっ

て違いますが、結果を出すためにやり方を変えます。

　私は今日起きるのに10分ぐらいかかりました。目覚ましを２回ぐらい鳴らしたので、そこが無駄だと思う方もいるかもしれません。手順としては、アラームを止めて、眼鏡をかけて、起き上がると書いています。眼鏡を取るどころか、目覚ましを何回も押しています。これは分かりやすい例ですが、改善しようと思えば、A、B、Cとやっていることを書き出し整理しているから、Aには10分、Bには５分、Cには３分かかっていて、全部で60分だと分かります。このように「見える化」しておけば、やっていることの内容が明確になるし、何をどう改善するかという検討もできるのです。業務や行動の順序を変えてもいいわけですし、その方が早くできる可能性があるかもしれません。

　もう一つ、外出着を選ぶときに結構悩みます。それでしたら、夜寝る前に前（外）段取りとして服を置いておけばいい。さらに早くしようと思ったら、消防隊員のようにきちんと着る順序に合わせて服を用意しておけばいいのです。改善の徹底とはこういうことです。

　また、時間のロスなく業務を遂行しようと考えたら、もしかするとある業務には、関係する部署があり、そことの連係を考えなければならないことも多々あります。例えば、Cの１の作業をするには、別の部署のDの３という作業が済んでないとできないとしたら、これを連動させておかないと自身の業務は停滞します。

　だからこそ、全部門で職務分析を実施し、職務の基本単位である課業や作業を改善していくことで、結果も出せるようにするのです。

Column 18　朝起きてからの解答例

　資料５は解答例です。朝、家をでるまでにこれだけの作業をしているということが分かります。起床、トイレ、天気予報を入手して、ジョギングして、シャワーして、ひげそって。これだけの作業をして合わせて何時間でしょうか。時間ではなく品質を指標にするとどうなるでしょうか。例えば、健康を指標にしたらどうなりますか。指標を１日の摂取カロリーとし、目標を設定します。３カ月で体重を10kg落としたい、このために摂取カロリーを１日1700キロカロリーに抑えなければならないとすれば、食事の業務は何分で食べるかでなく、これまでの摂取カロリーを制限し、目標設定することになります。またジョギング業務でいえば、何キロカロリー消費

> るために何キロを何分で走ると決めていくことになるでしょう。このように健康にも配慮し、かつ短時間で効果を上げられるプロセスを作ろうと思ったらできることになります。仕事もこれと同様です。

プロセス展開表を作成して分かること

　多くの企業のプロセス（展開表）で何が抜けているかはおよそ決まっていて、まずは計画業務です。これは、業績が低迷している会社に多く見られます。前述の朝起きて家を出るまでのプロセスであれば、B列の業務に、起きて一番に「今日の目標とスケジュールを確認する」が入ります。ただ、朝起きて今日どうしてやろうかと考える人はあまりいません。つまり、計画をしっかり立てることやそれを確認すること、そして、チェックをすることが仕事を始める際には非常に重要だということです。

　解答例のプロセス展開表（資料5、112ページ）には、起きてから「今日のスケジュールを確認する」または「今日のスケジュールを検討し、立てる」という、その日の内容が決まるような重要な業務は入っていません。また「なぜ食べ過ぎてしまったのだろうか」「なぜ5分遅れてしまったのだろう」と、家を出る前に一連の動きが目標に照らし合わせてしっかりとできたかを振り返る業務がプロセスとしてありません。これは、業績が低迷している会社ほど、「Do（実行、とにかく動く）」しかできていない、走り続けているけど結果が伴っていない会社（部署）の行動と同じです。つまり、社長が「やれ！」と言うものだから、現場では「言われたとおりやればいいんだろう！」となっているだけです。その結果、従業員は「やれっ！て言われたことは、やっていますよ！」と売り言葉に買い言葉で、開き直ってしまうのです。「その仕事って、何のためにやっているの？」「そのやり方で、結果出ているの？　これでいいの？」、「それで、だめならどうするの？」と検討するようなプロセスになっていないのです。つまり、業務全体としてPDCAサイクルが回っていないことが明らかになります。

これに対応するため、プロセス展開表は2種類作成することになります。一つは、まず職務調査を実施し、「現状のプロセス展開表」を書きます。それからもう一つは、経営目標を達成するために、PDCAサイクルが回るような「あるべき姿のプロセス展開表」に書き換え、完成させます。あるべき姿というのは、会社が目指している目標からみて、どんな業務とどんな行動を新たに起こさなければならないのかが書き上げられているということになります。

　その上で、「あるべき姿のプロセス展開表」の業務から、例えばA、B、Cは職務Xとして一つにまとめる方が業務の品質や効率が上がるかどうかを検討するなど、組織目標に沿った職務編成をしていきます。このように、最適な職務編成をしたいと思うならば、職務分析をするしか方法はないのです。

仕事を「見える化」し業務を見直す

　資料2（104ページ）をご覧ください。病院の総務人事のプロセス展開表ですが、先ほどの朝起きて家を出るというプロセス展開表よりは簡素化したものを使用しています。Aの1の作業をしたときに、その下を見ていただくと、「インプット」「アウトプット」、それから「知識」「行動」「能力」「等級レベル」と書いてあります。つまり、Aの1の作業はどのレベルの仕事かという難易度（価値）の評価をしています。課業全体での難易度評価ではなく、作業ごとに評価しています。

　その理由は、課業を見て、この仕事が初級か中級かの価値判断は、業務の中身（作業）を見なければ判断できないからです。政府は、厚生労働省が普及させようとしている職務分析、職務評価は課業レベルでいいとしています。しかし、課業レベルの職務を洗い出しただけでは、公正な評価ができないことがプロセス展開表から分かっていただけると思います。課業の内容を見なければ、どの程度難しいか判断できるはずはないのです。

　ましてや、課業が1課業イコール1職位となっているのならそれでいいのですが、そうではなく課業が分割されて2職位になっている場合もあります。

例えば、課業の中に作業①、②、③、④とあるけれど、①のところは誰でもすぐにできる補助あるいは定型業務だから初級者が遂行し、難しい作業は中級者に担当させることになっている場合です。このように、課業を分割することで効率が上がることもありますし、逆に無駄が発生することもあります。なぜなら、組織も人も壁を作ります。簡単なところでは、「取り置き」という動作のムダも生じます。課業を分割することは、早く、正確にできるという良い面と、それにとらわれて逆に手伝わないなど融通が利かなくなるという弊害を生んでしまいます。結果的に、変化への対応力が低下する可能性もあります。

ただ、例えば、作業①、②、④は定型の初級レベルの簡単な仕事、作業③は中級レベルだったとしたら、この課業を1人の初級職務（職位）として担当させた場合、どのような結果になるでしょうか。本来、独力で遂行させたいのであれば、2つの職務にならないといけません。

必要な能力レベルが異なる作業を、一つの課業として一つの職位（あるいは職務）に任せるのですから、結果は安定しなくなります。つまり、安定して結果が出せない従業員に一つの課業を担当させているということになります。安定して結果を出そうとするならば、作業③を遂行する場合は、1人に任せられないわけですから、上司がこれをしっかりと援助する必要があることを示しているのです。

Column 19　仕事の見える化で分かること

　仕事を「見える化」するというのは、生産性が落ちているとか、あるいは、仕事で結果を出していない従業員の業務を見直すことにつながります。つまり、プロセス展開表によって、課業やその内容を見ながら最適な職務を編成したり、職位を設定させたりすることができるようになります。

　繰り返しになりますが、職務分析の目的（用途）で異なってきますし、仕事をプロセス展開表にまで落とし込むことは大変な労力を必要とします。徹底的にやるならプロセス展開表を作成しますし、既にある等級制度を活用し人事考課制度を再構築するだけでいいのであれば、課業を洗い出して、作業を全部洗い出さなくても特徴的な作業部分だけを洗い出せばいいのです。

　ただし、職務を明確にせず、職位を確定できていない中で、課業とその特徴だけを人事評価に反映したところで、業績が連動してくるか、はなはだ疑問であること

は既に述べた通りです。

制度を変えることで業績を上げる！

　人事制度を変え、賃金が上がらないような制度を作っておいて、「これで組織が活性化する」といい加減なことを言っているようでは、制度改革は失敗します。「制度を変えることで、業績を絶対に上げてやる！」と思うならば、これまで説明してきたようなことをやるしかないのです。「人事制度で業績向上まで期待していないし、関係ないので不備なところだけ整備してくれればいい」と言うなら、ここまでやる必要はありません。だから、私は顧客が要望しているレベルに合わせて、職務分析のやり方を変えたりします。でも、「本来であれば、これくらいのことまでをしなければいけないのだ」と知らなかったら、始めから手を抜くことしか分からないのです。手を抜いているといういうことさえ分からないでしょう。そうすると、厚生労働省の小冊子を見て、職務評価までの作業を見たら、課業だけ整理したらいいのだと思ってしまいますが、これだけでは困難だということをお分かりいただけると思います。

あるべき姿のプロセス展開表に作り変える

　あるべき姿のプロセス展開表に作り変え、その通りに行動して、初めて期待された業績が出ます。なぜなら、プロセスとしてきちんと外部環境分析と内部環境分析を行うからです。そこから会社の経営課題、つまり成功要因を抽出します。経営課題を解決するための戦略を練り、実現するためのビジネスプロセスを検討します。「ビジネスプロセスなんて作れない」と言う方がいますが、既に会社にはあるはずです。見方を変えれば、ビジネスプロセスは、先程の朝起きて家を出るまでの内容を変えるのと同じことです。書き出して改善するということです。しかも、改善しなければいけない業務だけを変えればいいのです。それ以外の普段通りやらなければならない業務はそのまま残せばいいので

す。書き出し始めれば簡単なことです。

　また、「このような職務分析は大企業向けで、中小企業ではできない」とよく言われますが、逆に大企業でプロセスを変えることはかなり難しいことです。この職務分析手法は、中小企業だからこそ、全プロセスを書き出すことができるし、会社全体を見渡して議論もできるし、何よりも従業員一丸となって改善活動に向けられることを理解していただきたいです。

　なお、職務調査の実施、プロセス展開表の作成を、従業員を巻き込んで行うと、従業員の意識が劇的に変わります。なぜかといえば、従業員たちは、普段の仕事の問題がこれで解決できると思い、非常に熱心に動き出すからです。ただ、経営者およびこれを支援する第三者（専門家）としては、背負うものは非常に大きくなります。その理由は、従業員のやる気を出させた以上、引っ込められない、絶対に目標に向かってやりきらないといけなくなるからです。

　従業員たちがこのプロセス展開表を書き出し始めると、「結局、この改善案を言ったら、自分がやらないといけないんですよね」と気づき出します。様々な議論をすることも始めは楽しいのですが、徐々に苦しくなってくるという現象が起こります。しかし、仕事について真剣に取り組むのですから苦しくなって当然です。「賃金を上げて欲しいなら、自分たちが稼ぐ」それだけでいいのです。そして、自分がやりたいことができて、それをやることで結果が出るのなら、仕事は楽しくなります。

Column　20　プロセス展開表の作成で注意すべきこと

　注意点が2つあります。
　一つ目は、従業員を巻き込みチームでプロセス展開表を作成しますが、やはり易きに流れないようチェックする経営幹部の厳しい目は必要です。自分達が容易にできる範囲の改善に収まらないよう、経営幹部は議論を通して動機づけしながら、達成すべき目標からプロセス改革ができるようにリードしなければなりません。
　二つ目は、経営者がプロセス再構築の過程をしっかりと見守り、最終的には旗振り役になれるかどうかにかかってきます。だからこそ、必ず経営者も参画して、プロセス展開表を書いていくのです。従業員たちがどういうことを考えて、どういうふうに仕事を改善しようとしているかという熱意を感じていくことで、経営者は徐々にでも間違いなく変わってきます。

あるべき姿のプロセス展開表で重要なこと

　プロセス展開表を活用し職務分析を行い、職務を束ねていくなかで、あなたの仕事はここまでやってほしいとか、これはなかったけど付け加えようなどの議論をしていきます。この新たに付け加える作業については、具体的には、プロセス展開表上に網掛けをし、注目させるようにしておきます。例えば、プロセス展開表のAという業務を新たに付け加えたとします。その場合、Aの業務を全部網掛けします。そうすると、プロセス展開表の中でも、普段からずっとやってきたけど、ここをちゃんとやらないといけないとか、計画倒れになってしまうとかが見えてきます。計画をしっかり作っておかないと、ここまでチェックしておかないと駄目だということをこのプロセス展開表作成過程においてで理解させます。

　資料2（104ページ）と資料6（114ページ）の両方を見てください。資料2は、プロセスを書き出して、行動（作業）とこれごとの困難度が分かるようになっています。もちろん、これらの行動（作業）が難しいか難しくないかという判断（評価）基準が必要です。人間の感覚でなく、評価基準によってレベル分けするわけです。この後、プロセス展開表に書かれている業務で、中級がやらなければならない仕事だけを抜き出せば、中級職務の役割基準書になります。初級の行動（作業）だけ抜き出すと、初級職務の役割基準書になりますし、上級だけを抜き出せば上級職務の役割基準書ができます。ただ、該当等級分の行動（作業）だけを抜き出したらいいのかといえば、そうはなりません。職務編成上、上級職務でも中級の行動（作業）を担わせることは当然あります。この場合、上級職務の役割基準書には中級職の作業が含まれることになります。このため、役割基準書は何ページにもなります。

　そして、この病院の人事総務課に中級職務で人材を採用したい場合、プロセス展開表、役割基準書と雇用契約書をセットで活用します。やってもらいたい仕事をはっきり明示でき、説明もできます。

　また、これまで述べた役割基準書の作成過程を簡単にする方法があります。主だった課業を洗い出し、それぞれを特徴づける作業を抽出する方法です。業務や作業を特徴づける困難度の評価が、個々の職務の異同を判断できる根拠に

なります。この方法は、プロセス展開表を使わなくてもできますが、プロセス展開表を活用する方がより便利で、納得性も高くなります。何よりも、作成することで従業員のモチベーションが向上してくるし、結果（業績）も出てきます。

改善・革新レベルのプロセスを入れ込む

　改善すること自体はそう難しくありません。実際に、改善を全くしてないような会社はなく、改善により少しずつ良くなっていきます。でも、多くの場合、会社が立てている目標は現在の延長線上にはなく、高くなっています。会社の目標を達成しようと思ったら、目標から現状を見て、新たに取り組まなければならないこと（革新レベルの課題）を考え、これを解決するための方策、つまり業務プロセスを創り出すことが必要になります。

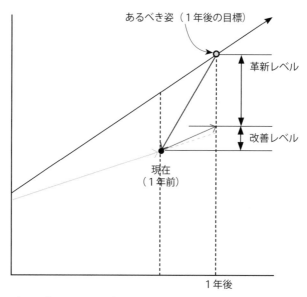

　例えば、現在のプロセス展開表で、ある業務が作業１から３で終わっているのを、４、５と新たに付け加えることもあるし、作業２と３の間に１つ作業を加えて４つの作業にする場合は、改善レベルの見直しとなります。

しかし、新たに業務Ａ、Ｂ、Ｃを丸ごとプロセス展開表に入れ込むことになるのは革新レベルといえます。経営目標を達成するためにはこの両方を実行しなければなりません。

最も重要なのは、この前に会社を取り巻く経営環境の分析をし、会社目標の再設定を行い、そこから目標達成のための課題を抽出し、基本戦略を策定、そしてビジネスプロセスを検討した上で、これを最終的にプロセス展開表に具現化してくプロセス（戦略策定フェーズ）です。とても大変ですが、これは必ず必要です。先に述べた７Ｓフレームワークを思い出してください。人事制度は、共通価値、戦略と切り離すことができないものなのです。

改善、革新レベルのプロセスを付加する一方で、これまで遂行してきた無駄と考えられる業務は当然、排除することにもなります。労働時間８時間は変わらないわけですから、効率を上げるしかありません。そうだとしたら、思い切って排除することも大切です。ただし、安易に排除はせず、排除することになった理由を従業員自身に確認にさせる他、排除するのではなく必要性があるならばその業務の目的を再確認し、もっと早く、確実に遂行できる方法なども考えさせていくことです。今、多くの企業では改善力が低下していますから、これをプロセス展開表の作成過程で補っていくこともできます。

Column 21　プロセス展開表に書き出される業務・作業

プロセス展開表に書き出される業務、作業（行動）を整理すると、次の４種類があります。まず一つ目として、過去からしてきた仕事です。例えば、法令に従ってしなければならないような、最低限引き続き遂行しなければいけない仕事です。法令で決められていないような業務はやり方を変えられます。二つ目は、過去からしてきた業務ですが、これを改善したものとなります。そして三つ目は、経営計画から設定された新たな仕事となります。これにもう一つ、現場で偶発的に発生する対応には役割基準書に示せないものが多々あります。このような日々の対応は、経営理念（フィロソフィー）が基礎となります。したがって、フィロソフィーや行動憲章のようなものを徹底して反映させなければなりません。

あるクレジット会社のプロセス改革

　あともう一つ、プロセス展開表の課業や職務（役割）行動から職務を束ねるという話をしました。この際当然、業務の効果、能率を考えて職務を編成する必要があります。これを理解するために、以下の事例の解決策を考えてみてください。

演習　あるクレジットのプロセス改革

　顧客への融資を要請するコンピュータ・メーカーの営業マンからの電話を担当者が受ける。この担当者は要請の案件を書類に記入する。

　次に、誰かがその書類を上の階の信用部門に持っていく。そこでは信用調査の専門家がコンピュータで借り手の信用を調査する。彼はその結果を書類に記入する。その書類は次の調査部門に行く。

　調査部門はローン契約内容の調整事項をコンピュータでチェックし、要請書類には特記事項として記入される。次に価格計算の部門へと書類は流れる。

　価格計算部門では、コンピュータで請求する金利の計算をし、書類のそれを記入し、別の書類と一緒に事務部門へと回す。

　事務部門の管理者は、これら全てを信用状にして、販売代理業者へ送る。

　このプロセスには平均で6日、時には2週間かかる。あせる代理業者が途中で問い合わせの電話をしても、その時に書類がどこに回っているかわからない。いらついた顧客はもっと速く融資決定をしてくれる別の会社と契約をしてしまう。

（設問）この会社の解決策はどのようなものだったでしょうか

　　　　　　　　　　　　　日本法令刊「役割等級人事制度導入構築マニュアル」より

よく出てくる回答は、全部門を管理できる部門を設けるとか、集中管理システムを導入するとかです。しかし、そういう部門を設ければ、さらに部門の壁ができ処理スピードは遅くなります。集中管理システムといっても、そもそもシステムに入力しなければ管理はできません。これらは改善策にはなりません。実際にここの会社がしたことは、全部門の仕事を1人が遂行することにしたのです。つまり、マルチタスク（多能工）化したのですが、これはつまり、プロセスの統合になります。

Column 22　ブロードバンディングについて

ここで少し、一時流行ったブロードバンディングという用語について説明しておきます。

ブロードバンディングとは、等級数を圧縮させることです。欧米の職務等級（グレード）は、事務・技術職、現場職、管理・専門職の3職群となっており、それぞれ15等級（グレード）程度あります。全職群を合計すれば40から50になります。職位分類制度であればもっと多くなりますが、職務で束ねていますので、15とか20になります。日本の職能資格制度では一般的に9等級となっており、職務等級制度とはこれだけ等級数の差があります。

前述のクレジット会社の事例では、各部署を経由することで大変に時間がかかってしまい、顧客に迷惑をかけ、顧客が離れていきました。顧客の視点で、早くなるよう改善すればいいのです。そこで、この会社の答えは1人で全部やればいいと、つまり6つの職務が1つの職務に統合され、その分、等級（グレード）が圧縮されることになったのです。これがブロードバンディングの本質です。ただ、色々な職務が統合され、同じグレードに格付けされることもあり、ブロードバンディングによって納得性が低下することもあります。このように、職能資格制度における9等級を6等級にするといった、単純な会社の人事管理能力レベルの乏しさから出てくるような等級の統合ではないことを理解しておきましょう。

マルチタスクを図示すると次のようになります。

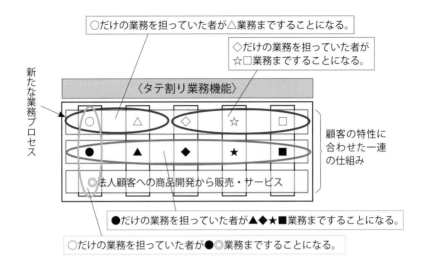

　A〜Fとプロセス展開表に出てくる課業があります。その課業をどういうふうに束ねるかということで、職務が編成できます。だとしたら、今まで1人ひとりがやっていた一つひとつの課業を、全部ひとくくりにすることもできます。もっと言うと、他部門でやっていた分を取り込んで、こちらでやったほうが早いということもあります。後工程を含む顧客の目線でプロセスの改革をし、職務を編成するように考えないと答えは出ません。「現状のプロセス展開表」は全部門の過去を書き表したものですから、このプロセス展開表をお互いがチェックします。開発部門が製造部門をチェックし、製造部門が購買部門と開発部門をチェックするなどです。例えば製造部門がある段階で必要な作業をしてくれないために開発部門が迷惑を被っているのなら、必要な段階で作業をするよう要望を出します。そうすると新しい職務ができます。このように相互に見直すことで、顧客満足を得られる納期や品質を達成していくのです。

　ここまでのことができるのも、職務分析をするからなのです。職務分析のメリットは人事管理面から見てはいけません。海外では人事部が人事権を持たず支援部隊であり、事業部ごとの事業部長など経営幹部が人事権を行使しています。つまり各事業部で職務分析を実施し、その結果、標準作業書や職務記述書

および職務明細書を作成し、採用をしています。「うちの事業部はこういう仕事が必要だ、だから、こういう能力を持った労働者が欲しのだ」ということを事業部ごとに任されています。人事部はそれを支援しているだけです。

　仕事について分かる人が職務記述書を作るのが当たり前で、人事部に各事業部の仕事の詳細は分かりませんし、標準作業書の管理もできません。これが、日本で職務分析が定着しない要因の一つです。しかし、これからは少なくとも説明義務が生じます。いよいよ、全部門を巻き込んだ職務分析を実施するしかないのです。

職務分析と従業員の習熟度

　ここからは、職務分析と従業員の能力の習熟度について説明をします。

　プロセス展開表を活用した職務分析で、標準作業は作れますが、この標準作業が一人前にできるようになる習熟期間を目標設定されていない会社が少なからず存在しています。例えば、営業社員に「うちの営業が一人前になるのに何年ぐらいかかるのか」と質問したら、適当に「10年程度かな」と答えます。しかしこの10年の根拠は示せません。生産現場は「現場叩き上げで20年」のように答えます。この20年にも根拠はありません。一昔前は、見よう見まねで、「先輩職人の背中を見て覚えろ！」とか言っていましたが、人手不足の中、これでは事業が継続できません。このため、習熟目標期間を設定しているかどうかは別として、会社側が早く一人前の職人になるよう徹底的に新人から教えるようになり、短期間で習熟できるようにはなっています。このように、一人前（プロ）にするにはどうしたらいいか、何年を目標とするのかを明確に設定した上で、これが完璧にできるよう、計画的で、実践的な教育訓練システムを確立していくことが重要です。

　教育訓練というのは、標準を作って指導し、実践的に、徹底的に訓練する習慣をつけることです。特に、ドイツを代表とする欧州では、公的な職業資格制度やマイスター制度などの教育訓練プログラムにのせ、徹底して職業訓練しています。だからこそ強いのです。これが、科学的、合理的な教育訓練です。

> **Column 23　ある中堅印刷企業の話**
>
> 　ある中堅印刷企業では、当初「一人前10年」と言っていた職種(印刷機オペレーター)を6カ月にしました。標準作業書を作り、「1年じゃ無理かもしれないけど、それでも6カ月」と言い、まずは挑戦させ、検証をしていくのです。6カ月で一旦やらせますが、半年後ぐらいかけて効果測定をします。やはり不良を出していましたが、それでもその原因が分かれば、教育訓練プログラムの内容のどこを見直せばよいかが分かりますので、プログラムを改善し、それ以降は6カ月でできるようなりました。この6カ月プログラムで2人目がしっかりと育成できたら、次は1カ月短縮した5カ月を目指して、改善していくのです。
> 　このためには、大前提として標準作業書として書き出すことが大切なのです。同時に、ただ単純に作業を書いていくのではなく、各作業にはどういうノウハウ(どれくらいの知識で、どの程度まで考え、どれぐらいのことまでできないといけないかなど)が必要なのかということを書き出していきます。
> 　プロセス展開表に詳しく書き出して行きます。技能については、別途、技能洗い出し表に技能として丁寧に、詳しく聞き出しながら洗い出していきます。この作業を通して人は育ちます。

　では、能力主義の職能資格制度でどれだけ一人前の人が育っているでしょうか。職務分析を行い、標準作業書を大切にしているトヨタ、キヤノンや良品計画であるとか、本当にコスト意識が強い企業というのは、規模や産業分野に関係なく、必ず標準、基準でものごとを語ります。経営組織マネジメントとはまずはそうあるべきです。これはまさに、職務分析から入る職務等級制度の基本的な考え方です。

職務評価とは何か

　ここからは、職務評価について説明します。
　プロセス展開表を活用した職務分析後に、1人の作業量を勘案して職務編成を行い、各レベルの役割基準書が作成されます。これは、職務評価の手法の一つである分類法で評価した結果です。分類法など職務評価技法を説明する前に、そもそも職務評価とは何かについて解説します。

3つあるリンゴを価値があると思う順に順位を付けてみるとします。赤くて丸くてしかも甘い。少し赤みが足らなくて甘みも足らない。さらに、青くて酸味が強い。そして1個の値段は、順に300円、200円、100円となるでしょう。しかし、例えば中国なら3000円、日本なら300円となったりもします。このように、物の価値や値段は誰が決めているのでしょうか。恐らく、誰もが、色、つや、甘さなど判断要素と測定軸で価値を評価し、値段は市場が決めているのです。同じリンゴでも、大阪では300円だけど、青森に行ったら100円かもしれません。産地のため量があふれているからです。仕事も同様で、仕事の価値や値段は、誰もが判断できる評価要素と労働市場における需給関係で本来は決まるものです。

　したがって、ある仕事の価値は、知識や習熟度はどれだけ必要か、そして判断力は、肉体的負荷はどの程度なのか、どこまでの業績責任を背負わされるのか等、仕事を遂行する上で誰もが気になる要素で測られることになります。それは、リンゴの色、つや、甘さなどの評価と測定尺度が、仕事に要素と測定尺度が変わるだけです。これが職務評価であり、誰もが無意識に持っているものです。値段（賃金）は、先程のリンゴの値段が日本と中国で違うとか、色や甘さで違うのと同様です。日本国内でも地域によって異なるのは当たり前で、それが価値そして値段というものです。

職務評価のやり方

　職務評価のやり方は、主に4つあります。序列法、分類法、点数法と要素比較法です。それぞれの手法の説明は次の通りです。

1．序列法

　各職務そのものを全体として据え、職務同士を総合的な観点から相互に比較し、複雑度・困難度・責任度を基準に1番、2番、3番…と一挙に序列を付けていく方法（単純比較表）と、二職種ずつ組合せ、リーグ戦のように総当たり方式で比較評価し、上位と評価された回数の多い順に序列を付ける方法（一対比較法）があります。

2．分類法

　　各職務そのものを全体としてすえる点では、序列法と同じですが、比較の方法に差異があります。すなわち、職務体職務の相対比較ではなく、各職務を予め同程度の職務評価群として等級分類し、この等級ごとの基準を定めた「職務等級基準」と比較して、最も合致した基準の等級に当てはめる方法です。

　　職務等級基準（分類表）ができれば、この分類法の評価は比較的容易ですが、職種が多様に分かれている場合や等級数が多い場合には、職種間に共通する基準の表現や各等級の差異を基準として表現することがむずかしく、また序列法と同様、職務を全体として総合的に評価するので、個人的主観の介入や、職務でなく担当者を評価してしまうおそれが生じます。

　　しかし、近年では、職務等級基準を、職掌別や職種別に分けて作成したり、職務全体として総合的に評価するのではなく、職務価値を構成する要素ごとに据えて作成することにより、基準の内容や表現を具体的にして、評価エラーを防ぐ改善がなされています。

3．点数法

　　職務価値を構成する要素ごとに、それぞれ独立した価値の段階を設け、その段階に対応して作成された「要素別評価基準（表）」を比較する方法です。要素ごとにウエイトを持った段階別点数を定めておき、各職務の価値は、それぞれ該当する要素ごと、段階ごとの合計点数によって示されることになります。

4．要素比較法

　　職務評価を構成する要素ごとに賃率の定められた基準職務と非基準職務の各要素をそれぞれ比較評価し、該当する要素ごとの賃金を合計することによって、非基準職務の賃率を決定する方法です。

　　基準職務の要素ごとの賃率決定にあたっては、基準職務に対して、評価要素ごとに序列法を応用して職務と職務を相互比較して序列付けし、現行の賃率を評価要素ごとの序列にマッチするよう分解・配分することになります。

> **Column 24　リンゴの価値で理解する点数法**
>
> 　既に述べた通り海外では点数法を多く活用しています。
> 　この点数法のやり方を、先ほどのリンゴの例で説明します。例えば、リンゴの評価要素を、色、つや、形、甘さ（糖度）、産出量（希少性）とし、これらを10段階で測定するとします。
> 　色、つや、形は、10点満点中かなりの高水準で8点、甘さは、糖度計で測定すると平均15％あったので6点とします。例えば、糖度17％以上であれば7点、20％以上であれば8点というふうに基準を設定しておきます。そして、希少性は、需要量に対する供給量の少なさがこのリンゴについて非常に高いことから9点としました。これらの要素を全部足したら点数が出ます。このリンゴであれば、39点となります。しかし例えば、市場が甘さ（糖度）に価値をおいているのであれば、この甘さを10点満点ではなく、ウエイトを2倍に上げて12点とすれば、合計点は45点になります。市場における評価要素を考慮し、各要素にウエイトをつけていくわけです。最終的に算出されたリンゴの評価点と市場価格に相関関係が認められれば、1点あたりの値段によって、リンゴの市場価格が決まることになります。このリンゴを職務に置き換えても、同じようなことが言えます。評価点によって値段が決まる、つまり賃金が決まるということです。

点数法の具体的なやり方

　点数法のやり方について事例を活用して説明します。資料7と8および93ページをご覧ください。入出庫職および検査包装職の職務評価基準と職務記述書です。この2つの職務に関して点数法で評価をします。それぞれ職務記述書には、課業とその課業に求められる能力と負荷など遂行要件が示されています。
　これらの遂行要件の内容を職務評価基準に照らし合わせて、職務評価することになります。職務評価基準は評価要素ごとにレベルがあり、遂行要件に示されている内容が、各要素の評価レベルのどこに該当するかを検討することになります。
　例えば、入出庫職の知識については、職務評価基準のレベル4までの知識は必要ありませんが、リードタイム（LT）を理解しておく必要があるためレベ

ル3になります。技能は部品の取り扱いに習熟している必要がありますので、評価基準のレベル2になります。次に精神的負荷は、出荷時間に追われていることが分かりますのでレベル2です。肉体的負荷については、連続作業のようですが、通常の時間に体力回復するのでレベル2になるでしょう。作業環境については、外気にさらされる作業がごく一部ある程度で寒暖の影響はないと判断し、レベル1となります。最後に業務責任ですが、ピッキングミスは一部の工程において手待ちを発生させることになります。この場合、一時的にラインストップが生じる場合もあり、コスト上の損失を被るとなればレベル3になります。このように各要素別に評価基準に照らし合わせて評価していきます。

　職務記述書の評価欄には、評価基準のレベルを書き込みます。評点については、先ほどのリンゴの評価のように、市場における評価の重要度、つまりウエイトをつけた点数のことを示します。

　例えば、検査包装職と入出庫職を、一つの評価基準で評価するとした場合、これらの職務に関して、要素の何を重視（組織的に価値あるものと）して評価するのかを、ウエイトで示し評価します。つまり、業務責任を10倍、知識を8倍にするなど要素ごとにウエイトを設定します。このウエイトづけをした点数を合計することで、総合点を出すことになります。この要素ごとのウエイトや評価は、会社（職務評価メンバー）で決めることになります。

　評価については、職務AとBのどちらの職務の難易度が高いのかを相対比較します。このため、評価するための基準が必要となります。先程のリンゴを評価したときに、甘さやつやなどの基準がありましたが、その基準が、職務の評価の場合は知識、技能、精神的負荷、肉体的負荷、作業環境となるのです。これが評価軸（要素）で、それを集めたものが評価基準です。この評価基準は会社（職務評価メンバー）が決めることになります。

　検査包装職の課業は、記述書の上部に示しています。この遂行要件として、知識として部品の種類、名称だとか、コードだとか、資材が分かる、検査基準比較が読める、オペレーションマニュアルが分かる、部品の品質特性と要因の関係の知識があるなどがあります。さらに、QC手法が分かり駆使できるあた

りが、少し難しいところです。結構レベルが高いと判断すると、これが駆使できるのはレベル4になります。技能は二者択一的判断で、品質特性および要因が分かるだとか、条件調査ができるということなので、技能はレベル4まではないと判断されます。二者択一的な判断のレベルは低く、検査機器の条件調整ができるという項目がありますが、修理まではできないのでレベル2あるいは3となるでしょう。精神的負荷はレベル3です。肉体的負荷はわずかな運搬作業があるぐらいなのでレベル1です。作業環境は、クリーンルームでマスク着用なのでレベル1です。これで評点を出し、AとBどちらの価値が高いかを判断します。

そしてここに等級が絡みます。会社の中には色々な職務があり、その職務記述書があります。それぞれの職務を等級制度の中で、何等級にするかを決めなければなりません。これまでに評価された職務の評点を活用することになります。

職務評価結果

要件項目	ウェイト	評価（入出荷職）	評価（検査・包装職）	評点（入出荷職）	評点（検査・包装職）
知識	10	3	4	30	40
技能	6	2	3	12	18
精神的負荷	4	2	3	8	12
肉体的負荷	2	2	2	4	4
作業環境	1	1	2	1	2
業務責任	8	3	4	24	32
			合計点	79	108

この評点を活用して、乱暴な言い方をすれば、会社の管理能力として「5等級制あるいは4等級制で管理していこう」と決めればいいのです。例えば、4等級制にするためには、どうしたらいいでしょうか？　全評価要素で最高レベル4であれば、ウエイトを掛ければ最高点は124点となります。逆に最低点は、

最低レベル1でこれにウエイトを掛けても31点にしかなりません。等級間の点数を等差にするのであれば、この最高点から最低点を引いて4で割ることで、23.25点(以下「23点」とします)となります。これを最低点から積み上げれば、2等級は31点に23を足した54点から、3等級はさらにこれに23点を足し77点から、4等級は100点からとなります。これが等差で設計した場合の各等級の点数となります。このように等差級数法ではなく、等比級数法で構築する場合もあります。一般的には、等比階級での設計の方が多く用いられています。

　それでは先に評価した各職務はそれぞれ何等級になるでしょうか？

　たとえば、入出庫職務務は何等級でしょうか？　合計評点が79点ですので3等級になります。また、検査包装職務は108点なので4等級になります。

　なお、等差級数法や等比級数法ではなく、各職務の評点を、プロットし、バラツキを見ながら、納得性の高い等級区分ラインおよび点数幅を設定する方法もあります。

　ここで再度、確認しておきたいと思います。それは、職務評価をしようと思ったら、何が必要なのでしょうか？　職務分析を実施して、しっかりと仕事（課業とその内容）を洗い出し、しかも、その要件を洗い出すことが必要です。遂行要件を洗い出していないような職務分析、つまり課業を洗い出しただけでは、職務評価はできないのです。このため、職務分析では、手順（作業）まで具体的に洗い出し、分析しておかなければ、この職務にはどの能力が、どれだけいるのかまで必要になってくるかは分かりません。そうしなければ職務評価ができません。そして、このように手間暇をかけるからこそ、従業員の納得性は高くなり、会社業績も向上するのです。

Column 25　職能資格制度の問題点

　職能資格制度を導入している会社の中には、職務調査をせず、手を抜いていることがあります。職能基準書を作らずに、どこかで見たような、使われているような

> 職能要件書と等級基準書を使い、そして、経営課題は同じ業界であっても会社ごとに異なるはずなのに、人事評価基準はどこかの書籍や能力評価システムから拝借しましたという感じのものがあります。これまでの職務遂行能力を発揮能力とだけ言葉を換えたところで、プロセスを変えていなければ、成果に結びつくはずがありません。実は、このようなことが結構あります。働き方改革のなかで真剣に生産性向上をしなければならない時代になって来ているというのに、仕事の洗い出しもせず、職務評価もせず、未だに能力基準の世界に居続けようとしていたら、失われた20年どころか、まだまだ変わりようがありません。

職務分析と業務改善

　資料9（119ページ）では、2パターンの話をしています。プロセス展開表までは作らなくても、職務調査票レベルで業務改善をしようというものです。職務分析は良い会社にするために行います。その延長線上で、人事制度が構築できたら、なお良しです。職務分析をすると業務改善ができますから、どこで何を削減できるかが分かります。どこの業務で不良が出ていたのかも分かります。また、その業務にどの程度の時間がかかっているのかが、調査をすれば分かります。それを分析し改善すれば、人がいらなくなるという事例です。

　これから長時間労働を削減しようと考えた場合、人事制度で長時間労働が削減できるわけがありません。他社が作った「能力評価システム」を入れたところで、改善の仕方が分からないのですから無理です。改善するには作業を「見える化」して、その中でもっといい方法がないのかを考えることが必要です。

　資料9にある職務調査票を活用した間接部門の業務改善の事例について説明します。

　間接部門は、製造部門と異なり標準能率という概念があてはめられないことが多く、生産現場に比べて改善がしにくいのですが、業務を整理するだけで改善できるという事例です。間接部門は、製造や営業などの直接部門が業務に専念できるように取り計らうという役割から、支援業務が自然膨張する傾向にあ

ります。また、直接部門が効率化や標準化を図ることなく、安易に間接部門に業務を依頼することから、ルールが定まっていない上に、伝達される情報やその経路が整理されていないなど、業務を正常に処理できる状態でないことが多く見受けられます。

このため、まずは業務を洗い出し改善するとともに、顧客の視点から業務を円滑に処理できる条件を整備していくことが求められます。業務は職務にひも付いており、業務量調査と分析を実施しますが、ここではプロセス展開表ではなく、職務調査票を活用したB社の間接部門の事例について説明します。

営業部門と生産部門を調整する生産管理課の事例です。この部門はもともと7人いましたが、今回の職務調査を実施する前に生産計画業務を改善したことで、既に2名削減できていました。その上でさらに次の改善を進めています。

職務調査票を活用し、課業と大まかな作業を書き出して、どういうところに問題点があるのかを調査します。同じような仕事をしていることもあり、やり方も含めこれを調べるために全課員を対象とします。

この調査をした後に業務量を分析します。量を分析したものが資料9の表2です。課業ごとに発生頻度と処理時間を分析します。一番上の勤怠管理システムの確認と登録というのは、0.8分で1件、つまり1日に16.8分やっていることになります。それぞれの業務は日々固定しているのか、それとも変動しているのか、それとも、管理業務として別途やらないといけないものなのかという区分をしていきます。

そして、各業務にかかる時間がわかれば、手順を明らかにしていきます。手順を書き出すと、手順に無駄があったり、全く違っていたりしていることも発見できます。これらの問題の解決策を、手順を改善しマニュアルを改訂することで、さらに早く正確にできるようになります。

このように業務を整理してくと、生産高が通常の約1.3倍になる繁忙期であっても、基準時間で算出したら4人工の仕事しかなかったことが分かりました。しかし、現在は5人いましたので、1人は手薄となっていた社内倉庫管理業務に異動しました。繁忙期での4人工を確実に遂行するために、何かトラブルがあってもできる余裕を作るための改善をしておかなければなりません。

そこでこの部門では、目標を3.8人工と定め業務改善に取り組んでいます。

全業務の見える化、手順化、それと多能工化です。あと、資料9の表3のように、各課員（A、D、E、F）の業務の時間（終了と開始）を設定し、合わせるという改善もあります。単位当たりの時間が決まっていますから、およそ平均●●件ぐらいで、▲▲分ぐらいかかるので、■■時から始めたら××時ぐらいに終わるというふうに、日々分かります。基準時間できっちりできたとすると、設定された開始時間と終了時間をほぼ守ることができ、タイムラグは無くなりお互いの作業がスムーズに流れるということになります。一つひとつの作業を丁寧に改善し、あとは流れでさらに時間を縮めていくということです。

　繁忙期の体制とそれ以外の時期の体制（空き時間は他部門への応援など）を組めば、確実に4人でできるようになります。以上のことが、職務調査票のレベルで可能になります。

業務改善にプロセス展開表を活用する

　次に、プロセス展開表を活用した場合の業務改善について説明します。
　プロセス展開表を活用して、業務と手順を洗い出すことは既に述べた通りです。某社のMacintoshを操作して画像処理部門のJ2級という中級技術職の役割基準書です。そこに職務知識と遂行要件が書かれていて、遂行しなければならない業務が書かれています。
　これを活用し、業務量調査して、分析したのが次ページの表です。
　先ほどの生産管理課の職務調査票を活用した時と同様、課業ごとに、日々どれぐらいの時間かけてどれぐらいの件数を処理しているのかを、役割基準書を活用して調査しています。
　この事例では、画像処理作業は在宅勤務で行うために、「今、遂行している何の業務であれば在宅で遂行できるか」という観点で検討しました。例えば、画像処理作業しかできないなら、その業務だけを取り出して今、何件やっているのか（作業量）も分かるし、それで何時間かかるのかといるのかも分かります。加えて、難易度が高いものができるのかといったら、在宅ではタイムリーに顧客と直接話しをすることや、営業と話すこともできないという制約や、在

図表1　業務量調査・分析票（画像処理部門　J2級）（例）

単位業務名	課業内容（役割行動）
データ確認業務	顧客要求事項（指示書・分色原稿 等）の内容を把握する
	原稿内容を適切に判断し、製版データを作成する
	製版方式による印刷特性を考慮したデータを作成する
	営業へ指示書記載事項の不備について判断を求め、確認する
前処理業務（柄割付・アクセサリー付け等）	変則割付など複雑な割付・高度なエンドレスなどを処理する
ニゲ処理	最終的な製品をイメージしながら複雑なニゲ処理をする（複雑とは、色数・柄などが多く、掛け合わせ・柄の重なりなども多く、グラデーションやパターンなどを多様に使用しているもの）
版下作製業務	デザイン文字・書き文字・筆文字を作成する
	複雑な原稿でも刷見本からスキャニングしトレースする
	ニゲ処理を考慮しながら版下・デザインを作成する
校正物の作成、青焼き業務	顧客と業務上の内容（原稿内容等）について打ち合せをする
色校正業務	刷見本とのカラー差異がわかり、プルーフと比較し校正する
工程内検査業務	下位等級者が編集作業を行った原稿を検品・評価する
	製版方式に応じたデータが作成されているかを確認する
設備管理業務	担当機材トラブルに対して適切に判断し、処理する
	周辺機器（設備）の基礎的なメンテナンスをする
在庫管理業務	担当資材の在庫を確認し、発注、適正な管理をする
調整業務	他工場および他部署と業務上必要な対話をする
外注管理業務	納入業者・機器・機械メーカーと円滑に交渉を進める
	担当職務の外注業者（版下等）と納期等の折衝をする
指導監督業務	簡単な機器および操作マニュアル等を作成できる
	部署内優先作業の的確な判断ができる
	営業指示を的確に理解し、版下（デザイン）作成または外注依頼をする
	自部署起因の全不適合に至る原因を追及する
改善業務	部署内作業閑散時の有効活用を企画提案する
	自部署内の作業改善（ミス・効率）策を提案する
	部署内の5S（3S＋清潔・躾）を徹底する

第2章 同一労働同一賃金を実現するため「職務分析」を理解しよう

結果責任	職務行動分析	発生区分	発生サイクル	業務区分	処理時間帯	単位時間(分)	1日あたり	1日あたりの時間
①自工程で不良を発生させないこと ②標準時間で作業すること	A	定期	日	変動	8:40 〜 17:30	60	6	360
	A	定期	日	変動				
	A	定期	日	変動				
	A	定期	日	変動				
	A	定期	日	変動				
	A	定期	日	変動				
	A	定期	日	変動				0
	A	定期	日	変動				0
	A	定期	日	変動				0
	A	定期	日	変動		10	1	10
	A	定期	日	変動		5	6	30
	A	定期	日	変動		10	1	10
	A	定期	日	変動				
設備の不具合によって、生産停止や不良（ロス）が発生しないこと	A	不定期						0
	A	不定期						0
決められた適正在庫を維持すること	O	定期	日	固定	12:00	10	1	10
全体最適の視点で効率を高めること	A	不定期						0
社外起因での品質不良を排除すること	A	不定期						0
	A	不定期						0
①下位者および非正規社員が起因の品質不良を起こさないこと ②下位者および非正規社員の作業効率を維持、高めること	C	不定期						0
		不定期						0
		不定期						0
		不定期						0
監督者と共同で自工程の生産性を高めること	A	不定期						0
	A	不定期						0
	A	定期	日	固定	8:30	10	1	10

宅勤務にする理由（例えば、介護や育児など）での時間的制約もあり、低い難易度のものしか処理できないことになりました。

すなわち、図表1が分析調査した結果で、図表2が在宅勤務にするならこうしなさいという業務のくくりになります。Ｊ2級は中級職なのですが、職務（役割）編成をして図表2になって、在宅勤務にあてはめたときに、本当に中級職の仕事をしているのかといったら、実は初級職の仕事なのです。職務編成されたもので職務評価をすると、初級職の仕事ということになります。実際にこの従業員を初級職務にするかしないかは会社の運用次第です。特に、職能資格制度であれば中級のままにしておいて、在宅勤務者なのだから均衡待遇ということで（労使で合意した）7〜8掛けの賃金にするということになるのかもしれませんが、その割合の根拠は乏しいものです。この意味で、職務（役割）編成したもので職務評価を実施し、その点数に比例させて賃金を設定する方が妥当だと言えます。

職務分析と目標管理・人事考課制度

職務分析技法であるプロセス展開表を活用して、職務分析すると、何が簡単になるかといえば人事考課表だとか目標管理制度の構築とその運用が非常に楽になります。

資料10（128ページ）のプロセス展開表は、業務ごとに目標設定ができるようになっています。業務には必ずQCD（品質・コスト・納期）があります。企業はもちろん、病院などの非営利法人であっても同じです。

資材倉庫グループのプロセス展開表を見ていただくと、A〜Fの課業ごとに成果指標の欄があります。A列の部材の入庫業務に関しては、「入庫ミス」の件数を目標設定すると決めます。入庫ミスの件数をどこで減らすのかといったら、1〜4の作業の中で減らすしかありません。これらの作業が確実に遂行できていれば、この業務そのものは成功なのです。だとしたら、業務の成果指標は、作業1〜4の先行指標の総体になります。つまり、作業1〜4の目標を達成できれば、業務B全体の目標を達成できることになります。このようにプロ

第2章 同一労働同一賃金を実現するため「職務分析」を理解しよう

職務記述書

職務名：検査・包装職

＜遂行業務＞

単位業務名	課業（業務の内容）
1．準備段取	①検査部品の確認及び検査場への準備 ②検査機器の確認及び検査条件の調整設定 ③検査基準（規格）の確認
2．検査	①検査条件に基づく目視検査 ②検査条件に基づく機器検査の機器オペレーション ③合格品と不合格品の仕分け ④不合格品の特性・要因の記録及び統計
3．包装作業	①出庫予定と包装資材の確認及び準備 ②部品カードの取り付け ③部品の包装作業
4．後始末	①機器・部品・包装資材の後片付け、整理 ②職場の清掃 ③機器の清掃メンテナンス

＜遂行要件＞

要件項目	評価	評点	要件の内容
知識			①部品の種類・名称・外観・コード及び使用包装資材が分かる ②検査基準（規格）が読める ③検査機器のオペレーションマニュアルがわかる ④部品の品質特性と要因の関連の知識 ⑤QC手法がわかり、駆使できる ⑥包装作業マニュアルがわかる
技能			①部品規格の合否判定ができる（二者択一的判断） ②部品の品質特性及び要因が判る ③検査機器の条件調整ができる（微妙な摘み釦の調整）
精神的負荷			同一規格の下には、同一判定基準を維持しなければならない
肉体的負荷			①部品を取る・置く・入れる程度の作業が連続する ②準備・作業終了段階での一時的にわずかな運搬作業がある
作業環境			①作業場はクリーンルームで冷暖房がある ②クリーン作業服・マスク等の着用
業務責任			①検査ミスは納入先製品の品質事故を発生させる ②連続して発生した場合は会社の生産不信が生じ、取引中止のリスクを生む

図表2　業務量調査・分析票（画像処理部門　J2級）（例）

在宅勤務型　画像処理職務再設計案

	単位業務名	役割行動	結果責任	役割行動分析	発生区分	発生サイクル	業務区分	処理時間帯	単位時間（分）	1日当たりの件数	1日当たりの時間
作業手続き	データ確認業務	顧客要求事項（指示書・分色原稿　等）の内容を把握する	①自工程で不良を発生させないこと ②標準時間で作業すること	A	定期	日	変動	8：40～17：30	60	7	420
		原稿内容を適切に判断し、製版データ作成する		A	定期	日	変動				
		製版方式による印刷特性を考慮したデータ作成する		A	定期	日	変動				
		営業へ指示書記載事項の不備について判断し、確認する		A	定期	日	変動				
	前処理業務（柄割付・アクセサリー付け等）	変則割付など複雑な割付・高度なエンドレスなど処理する		A	定期	日	変動				
	ニゲ処理	最終的な製品をイメージしながら複雑なニゲ処理をする（複雑とは、色数・柄などが多く、掛け合わせ・柄の重なりなども多く、グラデーションやパターンなどをや多様に使用しているもの）		A	定期	日	変動				
	校正物の作成、青焼き	顧客と業務上の内容（原稿内容等）について打ち合せをする		A	定期	日	変動				
	業務報告書作成			O	定期	日	固定	17：10～17：30	20	1	20
									合計		440

※校正物の作成、青焼き業務、色校正業務、工程内検査業務については、本社の技術者が担当する。

セス展開表を作成することで、全ての業務に関して目標設定できます。

　次に資料11（132ページ）の目標体系表の図を見てください。これは資材倉庫グループの目標管理制度です。目標管理制度上、何を目標に立てるのかいうと、目標は経営計画上の重大な取組みです。つまり、重要目標・課題です。業務にはそれぞれ目標がありますが、それら全てを目標管理制度上の目標として捉えてはいけません。経営革新を起こす、イノベーションを起こすような目標を立て管理していくことが、目標管理制度上の目標です。それを目標とするならば、この会社の目標から部門に展開された目標、資料11では購買課の目標となります。購買課は、在庫回転率であるとか、資材倉庫回転率日数、それから、部材出庫方法の改善で、安定供給による生産障害ゼロ、要は生産ラインが止まることをゼロにすることを目標に掲げています。

　そうすると、この部門の目標を下位組織の資材倉庫グループはどの業務で達成するのかを重点的に考えます。例えば、生産障害ゼロに関しては、目標1の出庫方法の改善をすればいいし、資材倉庫の回転日数を良くするためには、材料在庫の削減をすればいいというように業務が洗い出されていきます。目標を達成する業務はどの業務で実現するのかというと、目標1は、業務A、C、Dで達成します。目標2は、業務E、L、Gで達成します。目標達成は行動で、つまり業務で達成します。プロセス展開表であるべき姿の業務プロセスを作り、業務やこれを実現する職務（役割）行動に目標数値を設定すればいいだけの話になります。つまり、あるべき姿のプロセス展開表を作成すれば、自動的に目標設定ができることになります。これを明らかにしたものが目標体系表です。

　この経営革新のための重要課題・目標に関わる業務以外の業務上の目標は通常の業績管理になります。既に、海外においては目標管理とは言わず、業績管理としています。目標管理というのは、もともと経営管理者の自身の自己統制のためのツールです。それが、1960年代後半ぐらいから報酬に結びついた業績管理に変わってきました。

> **Column 26** 標準化が進んでいる病院と地方自治体でも…
>
> 　病院や地方自治体では、プロセス展開表がなくても指標を作ることができています。なぜなら、国によって事務作業が規定されているなど標準化が進んでいるからです。ただ、指標を同じにしても、達成できないのは旧態依然として業務内容が変わっていないからです。プロセスを変えずに、指標管理がなぜ達成できるのでしょうか。プロセス展開表を作成して、プロセスを改善、改革するしかないのです。

職務基準の賃金（職務給）の成り立ち

　最後に、職務基準の賃金（職務給）について説明します。

　賃金はいたって簡単です。海外において職務給は、基本的に市場評価で決まりますが、理論的に知っておいていただきたいことを簡単に説明しておきます。日本の場合は、どうしても個別企業のポリシーライン、つまり企業別の標準者の賃金水準という話になってしまいますが、欧米では職種別、要は、仕事別にポリシーラインがあります。賃金統計をみて、最低ライン、最高ライン、中位のラインのどこに自企業の賃金を収めるかです。しかし、労働者を採用しようと思ったら、隣の同業者よりは1ドルでも高いほうが採用には有利です。これには、企業の賃金支払能力が当然影響し、多少の格差にはなりますが、賃金格差の基本は職種別、職務別になります。

　それでは、ここからは職務給が成立するまでの賃金の変遷について見ていきましょう。

　納得性の高い賃金とは、出来高給が基本です。テイラーの科学的管理法では、標準能率を作って、標準以上にやった人にはこの出来給よりも上の賃金を支給し、標準よりも低い人には低い出来高給を支給します。これが、単純出来高給をより刺激的に変化させた差別的出来高給です。

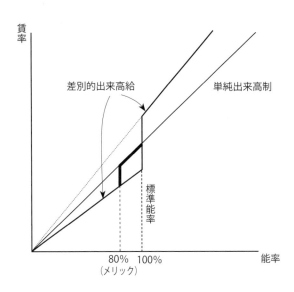

ただこの標準能率というのが、テイラーが考える以前は標準ではなくて、ある意味、経営者や職人(熟練者)による基準でした。すなわち、この基準は、経験、勘ということになります。なぜなら職務分析という手法がなかったため、今までの経験に頼らざるを得ません。つまり熟練者の時間が基準になります。このため、熟練者の動きによって基準が変動することになりますし、日々の出来高は熟練者次第になります。

そうすると経営者は何を考えるかというと、もともと設けていた基準を勝手に厳しくします。結局、右の図のようになります。出来高給といっても低くなるわけです。もっとけちな経営者の場合、基準を変えなくてもこれを超えた労働者には、基準以上ではあるが、単純出来高給よりも低めの出来高給

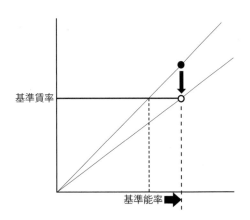

（割増給）でいいと言い出します。「基準以上の賃金は支払っているのだから、それ以上の割増給は落としてもいい」という経営者の理屈です。これによって何が起きたかというと、やはり、労働者は怠け始めました。できる人ほど怠けるから、結局皆が怠け出すことになるのです。

　この状態に対し、テイラーは、「これは労使双方に不利益だ」と考え、科学的手法によって標準能率を設けたのです。これに活用される標準作業というのは、熟練者以上の無駄のない作業で、唯一最善の作業方法をいいます。したがって、なかなか達成できる人はいません。

　このため、メリックは差別的出来高給に幅を設けた賃金線を考え出しました。つまり、定めた標準能率が厳しいことが分かっているから、マイナス20パーセント程度を大目に見てあげようとなったわけです（図中標準能率80％の部分）。

　もともと賃金は、単純出来高で、経営者たちがこれを意図的に触り、触られることを労働者が嫌ったため、テイラーが「標準」を作り出しました。しかし、標準が厳しかったために、さらにまた触る。これが賃金の歴史です。

　しかし、標準能率に幅を持たせたところで労働者が働くようになるでしょうか。標準能率を基準に公正である賃金とはいえますが、出来高が低下すれば最終的にはゼロになる可能性がある恐怖の賃金です。能率が落ちれば落ちるほど、当然、賃金も落ちていきます。

　このため、次に何を考えたかというと、標準能率の約70％（60点／時間）を平均能率とし、標準能率の50％（40点／時間）を最低賃金とし、保障します。または50〜70％までを最低賃金にしておき、これ以降は標準能率（80点／時間）に向かう賃金水準を活用することにしました。これをビドー式賃金制度といいます。

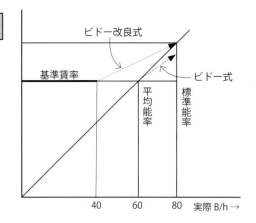

　能率が上がれば、付加給を出しますということです。これを職種別に定めます。だから、これが職務給における最低能率であり、最低賃金となります。つまり、職務給はゼロにはならず、最低保障賃金があるわけです。その最低賃金はどこを狙っているかといったら、標準能率の50％から平均能率とされる70％を狙ったものです。そうしたことで、非常にモチベーションが上がり、生産性が上がったといわれています。

　実はこれが職務給の考え方のベースで、職務ごとに違います。最低賃率は、ヨーロッパでは職種別の労働組合が交渉して決めています。それ以上は自分の能率で付加給、自分で働くこととグループで目標達成することの二つの要件で賃金が付加されています。これが職務給の賃金の歴史であり、能率を切り離した職務給はないという理論的根拠です。職位分類制度における職階給であったとしても一緒です。海外では、賃金をもらう以上は、「あなたは何をする人ですか」ということと、「その仕事でどれだけの結果を出す人なのですか」はセットなのです。

> **Column 26　欧米では「手当」が出ない**
>
> 　賃金体系に関連した話をしますと、欧米（ドイツを除く）では手当が出ません。日本では手当（特に、生活関連手当）を非正規社員含め全従業員に出さないといけなくなりつつあります。このため、手当の統廃合も含めて、職務給を導入する環境はこれから整ってきます。そして、なによりも初任給が大卒22万円とか高卒18万円とか、ここ3、4年で急激に高くなっています。これだけ賃金を上がるということは、仕事をする前から最低生活保障ができていることになり、賃金設計上、生計費を考慮する必要性がなくなっています。

「一人前理論」と賃金と仕事のバランス

　あと、お話ししておきたいのは、「一人前」理論と賃金の関係です。私が勝手に「一人前理論」と言っているのですが、パートタイマーを採用して「3年ほどかけて習熟してね」という会社がありますが、そんなにかからないと思います。大体2、3日程度で習熟して、1週間目ぐらいから1人でできる仕事をやらせていると思います。欧米の企業では、ブルーカラーの一職務で想定している一人前は、大体2～3年です。これをラーニング・カーブといいます。ただし、難しい技術に関しては10年ぐらいで一人前になるという仕事もあります。ただ、一人前になるといっても、例えば、職務A（簡単）、B（中くらい）、C（難しい）というように要求される精度が違う製品を旋盤工が作る場合、Aは3年、Bは4年、Cは6年と決めたらよいことで、賃金もそれで決めたらいいのです。賃金というのは、Cがここでここで、Aがここです。それぞれの職務のラーニング・カーブがほぼ3年です。難しい職務ができなければそれまでです。

　このように現場職のラーニング・カーブは短く、このため3年ぐらいの昇給ぐらいしか設けていません。話は変わりますが、ホワイトカラー（管理監督職）の一番難しい業務は何かというと部下の指導評価です。それをするのには10年ぐらいかかり、それにプラス仕事の難しさというのが、熟練するために15年ぐらいかかるとされています。このため、ホワイトカラーの賃金幅は大きく

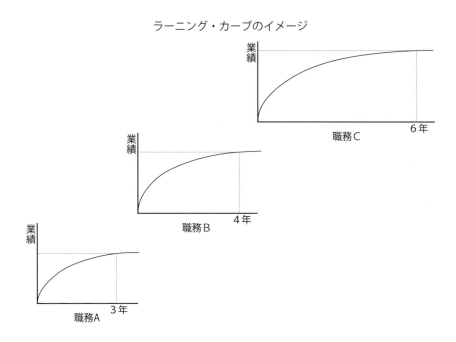

ラーニング・カーブのイメージ

なっており、重複することになります。このように科学的にしっかりと分析されたラーニング・カーブとこれに連動した賃金は、欧米人の合理性の高さを示しているのではないでしょうか。

職務給は賃金が上がらない？

「職務給になると賃金上がらない」と言われますが、職務成果に応じて上昇しています。ブルーカラーは、職務給に能率達成度に応じて付加給が支給されます。ただ、日本の年功賃金のように上がり続けることはありません。また、ホワイトカラーは、その職務および成果に習熟度が求められることから、賃金幅はブルーカラーよりも広く、管理職については特に部下の評価、指導に関するマネジメント能力などの要因から日本より広く設定されているようです。この面では、日本の管理職の賃金の方が、洗い替え方式など賃金増減することを

考えると厳しい運用とも言えますが、成果が問われて解雇されることが無いことを考えると、そうとも言えません。

また、欧米ではホワイトカラーエグゼンプションが導入されています。ホワイトカラーの仕事に労働時間の概念なんてありません。与えられた職務で結果を出せばいいのです。一方、日本では、ホワイトカラーにもブルーカラー同様に労働時間概念を持ち込み、高給であっても残業を問題視し、残業代を支給するのが当然のことにようになっています。これで、職務意識が高まり、労働生産性が上がるでしょうか（ホワイトカラーとブルーカラーの職務特性による区別をした上で、生産性を向上させることを意図した労働時間管理であるのであれば否定するものではありません）。

ただ、年収の確保は海外でも課題で、ホワイトカラーエグゼンプションの導入基準は、イギリスでは800万円で、アメリカでは現在、600万円ぐらいに上げようとしています。ホワイトカラーがやっている仕事は、企画、判断、部下の指導・評価などの業務を通じた業績管理マネジメントです。

日本では、管理職の賃金水準が低く、近年厳しくなってきましたが、残業時間規制の緩い中での残業代によって部下の賃金がこれを超えることが多くあります。これで、管理職が管理職らしい仕事を遂行できると考える方がおかしいのではないでしょうか。残業時間が多いことに関しては管理職の管理能力不足も当然あるとは思いますが、これからの労働政策および賃金制度の見直の中で、解決すべき大きな課題と思います。

今、労働政策の大きな転換期にあります。働き方改革による労働生産性の向上を達成するためには、職務について真摯に考え直すことが必要です。そして、同時に職務基準の人事制度を見つめ直していただくことを期待しています。

●資料1　プロセス展開表（様式）

業務（課業）	A	B	部署 C
課業名			
成果指標			
業務リスク			
1 作業の流れ他			
機能内容 (P・D・C・A)			
インプット			
アウトプット			
関連プロセス			
KPI（先行指標）			
知識			
能力・レベル			
遂行上のリスク			
2			
機能内容 (P・D・C・A)			
インプット			
アウトプット			
関連プロセス			
KPI（先行指標）			
知識			
能力・レベル			
遂行上のリスク			
3			
機能内容 (P・D・C・A)			
インプット			
アウトプット			
関連プロセス			
KPI（先行指標）			
知識			
能力・レベル			
遂行上のリスク			
4			
機能内容 (P・D・C・A)			
インプット			
アウトプット			
関連プロセス			
KPI（先行指標）			
知識			
能力・レベル			
遂行上のリスク			

資　料

D	E	作成者 F	G	H

● 資料2　プロセス展開表（例：病院総務人事部）（抜粋）

業務（課業） 課業名	A	B	C	D
1 作業の流れ他	勤怠打刻データの管理 勤怠カードリーダー2台（医局前・病院地下）へ毎朝勤怠システムを個人パスワードを入力し起動してカードリーダーへアクセスし出勤退勤のデータを吸い上げる。	勤怠管理（休日・総合） 全部署から月末に翌月の勤務シフト表が総務に届く。	超過勤務総合届 超過勤務システム（アクセスにて独自に作成した）にて①前半は15日～月末用は毎月15日までに作成する。②後半1日～15日用は毎月月末までに作成する。アクセスの操作方法が複雑で創意工夫が必要。	給与控除データ作成1 毎月、生命保険・財形貯蓄・損害保険・自動車保険の契約会社より給与天引リストが月初に届き天引控除リスト（エクセル）に入力し表を作成する。個人単位で天引内容の注意が必要。
インプット		勤務シフト表		給与天引指示
アウトプット				
知識・職務（役割）行動	理解力	理解力	理解力・創意工夫	理解力
等級レベル	初級	初級	初級	初級
2	電送後の勤怠データの間違い・未打刻の確認をする。その後各部署への配布用訂正リストを勤怠システムにて作成し該当部署へ配布する。注意：リスト作成時、部署の間違いに注意する	翌月の10日ごろまでに勤務シフト表の有休・56休・代休・生休・公休・研修（出張）を個人別に勤怠システムに入力する。注意：入力時、個人・入力内容の注意が必要。	前半は15日までに、後半は月末までに、職員全員（常勤医師・一部管理職を除く）に部署単位で配布する	共済会・物品販売・医師会費の支払いに係る天引分と法人利用分の医療費の窓口未収給与天引分が毎月10日ごろまでに総務に届き天引控除リスト（エクセル）に入力する。注意：個人単位で天引内容の注意が必要。
インプット				給与天引指示
アウトプット		訂正リスト		超勤総合申請用紙	
知識・職務（役割）行動	理解力	理解力	理解力	理解力
等級レベル	初級	初級	初級	初級
3	各部署にて配布リストに訂正時間を記入してもらい総務へ提出してもらい勤怠システムの訂正画面にて入力する。注意：入力時、個人・時刻の注意が必要		該当期間終了後、個人が記入した出勤・休日の内容を所属長が確認し指定箇所に押印して、前半は16日に後半は1日に総務へ提出する。	作成した天引控除リストを個人控除データを給与システムに入力する。注意：入力時、個人・入力内容の注意が必要。
インプット		訂正リスト		超勤総合申請用紙	
アウトプット				
知識・職務（役割）行動	理解力		理解力	理解力
等級レベル	初級		初級	初級
4			総合届欄の休日の内容を勤怠管理表に前半分は翌月10日までに後半は16日までに個人単位で正確に入力する。注意：入力時、個人・入力内容の注意が必要。	入力済のデータを給与システムからエクセル抽出し個人控除データとパソコン上で照らし合せ入力チェックをする。注意：個人単位の注意が必要。
インプット				
アウトプット				
知識・職務（役割）行動			理解力	理解力
等級レベル			初級	初級
5			毎月、給与電送の4～5日まえに個人単位で前半と後半をあわせ勤務時間・残業時間・各手当の集計をし、後半の入力欄に記入し給与計算業務に移る。注意：集計時、個人・内容の注意が必要。	入力確認済の天引控除リストから給与控除一覧表を作成する。毎月、給与支給決定時に財務へ提出する。
インプット				
アウトプット				給与控除一覧表
知識・職務（役割）行動			理解力	理解力
等級レベル			初級	初級
6				
インプット				
アウトプット				
知識・職務（役割）行動				
等級レベル				

資　料

E	F	G	H	I
給与控除データ作成2	給与控除データ作成3	給与計算	入職手続事務	制服・ロッカー
院内保育所より利用日と利用金額一覧表が総務に翌月の15日ごろに届く。月別利用料と日別利用金額を確認して保育利用天引リストを作成する。	医療費減免の本人・家族申請用紙が翌月5日までに届く。	給与計算期間の有休取得の入力を個人単位で完全に終了させる。	入職決定後、職員ＩＤを決め、給与システム・超過勤務システムに職員登録をする。医療従事者、事務職、一部介護職員を電子カルテに登録をして電子カルテ登録表を電算に渡す。	入職決定後、ロッカーを指定場所へ準備する。場所とロッカーNoは入職セットを所属長に渡す時に連絡する。ロッカー管理台帳へ記入し管理する。キーの無い場合もあるので注意する。
	医療費請求書		電子カルテ登録票	
理解力	理解力	理解力	理解力	理解力
初級	初級	初級	初級	初級
作成した天引控除リストの個人控除データを給与システムに入力する。注意：入力時、個人・入力内容の注意が必要。	個人別に内容を確認し支給リストを作成する。	超過総合申請用紙の入力欄に記入した勤務時間・残業時間・各手当を給与システムに入力する。注意：入力時、個人・入力内容の注意が必要。	辞令・雇用契約書・給与決定書・手当申請用紙・給与振込依頼書・勤怠用カードを作成して入職セットと一緒に併せ用意し入職時に本人に所属長経由で渡す。	制服の準備は職種にあわせ個人のサイズを面接時採用時に計っておく。リース会社へＦＡＸにて連絡する。急な場合は直接電話する。
			入職セット	
理解力	理解力	理解力	理解力	理解力
初級	初級	初級	初級	初級
	作成した天引控除リストの個人控除データを給与システムに入力する。注意：入力時、個人・入力内容の注意が必要。	給与システム入力後、就業時間リスト・給与個人支給一覧・手当支給エクセル表作成。それぞれ印刷をして、超過総合申請書と読み合せチェックする。チェック・訂正があれば再入力する。	本人記入後、返却の書類で雇用契約書は履歴書へ入職セットと一緒に綴じる。手当申請書と給与振込先は給与システムの個人マスタへ入力する。注意：入力時、個人・入力内容の注意が必要。	制服がリース会社より総務に届き、台帳に記入しサイズ確認後、該当個人ロッカーへ入れる。
			入職セット返却分	
	理解力	理解力	理解力	理解力
	初級	初級	初級	初級
		入職・退職・欠勤・産休・育休の給与の日割確認をして金額を修正する。給与控除データ2の入力を完了させる。注意：入力業務の全てが完了するので注意する。	協会けんぽ登録へ医療従事者の場合、名簿管理へ	
		理解力	理解力	
		初級	初級	
		給与電送データを作成する。現金支給のある場合はリストを給与システムから印刷する。注意：人数・金額の確認に注意が必要。最終確認になる。		
		理解力		
		初級		
		インターネットにて銀行振込システムへ専用パスＩＤにてアクセスし。給与電送を実行する。注意：人数・金額・振込日の注意		
		理解力		
		初級		

業務（課業）	J	K	L	M
課業名	協会けんぽ関連業務	退職手続事務	退職金支給業務	年末調整業務
1 作業の流れ他	抹消、変更の手続は本人が総務へ来て必要書類に記入してもらう。	退職決定後、有休日数の残を所属長へ連絡する。その後、退職日が決定する。もしくは最初から決定の場合もあるので注意。	退職金の計算（退職金規程）方法の把握をする。	毎年10月末ごろ税務署へ必要書類をもらいに行く。
インプット				
アウトプット				
知識・職務（役割）行動	知識（社保制度）・判断力	理解力	知識（社保制度）・判断力	理解力
等級レベル	中級	初級	初級	初級
2	協会けんぽへ郵送にて提出する。	保険証の返却、本人の都合で任意継続の書類を渡す。法人支給協会けんぽに抹消の手続をする。失業保険の申請用紙を渡す。退職金がある場合、退職所得申請用紙に記入してもらう。	支給明細書は局長・理事長の決済をもらう。法人支給分と適木銀行支給分があり、法人分支給のためにコピーを財務に渡し送金してもらう。	扶養控除用紙と保険控除用紙に全職員の氏名・職員IDを印刷し部署ごとに配布する。提出締め切りは11月下旬にする。
インプット				
アウトプット	登録用紙			扶養・保険申告書
知識・職務（役割）行動	理解力	理解力	理解力	理解力
等級レベル	初級	初級	初級	初級
3	保険証が到着する。該当個人へ連絡する。重要書類渡し台帳へ記入する。	制服の返却は直接総務へ出してもらう。ロッカーは空の状態にする。注意：鍵の無い場合もあるので確認注意する。	適木銀行に退職所得申請用紙と支払指示用紙と登録抹消用紙を郵送する。	年末調整提出後、保険控除はすべて確認し計算して必要欄に記入する。
インプット				
アウトプット				
知識・職務（役割）行動	理解力	理解力	理解力	知識・判断力
等級レベル	初級	初級	初級	中級
4	抹消・変更の手続は本人が総務へ来て必要書類に記入してもらう。届け書類を協会けんぽに郵送する。注意：家族で資格取得が可能かけんぽより確認依頼がある。	給与控除データのある場合は給与システムの変更をする。	支払い明細書が届く。専用ファイルへ綴じる。	扶養控除の全員の確認をして税法にあわせチェックする。不明な点がある場合、個人に確認をする。
インプット				
アウトプット	抹消・変更用紙			
知識・職務（役割）行動	知識・交渉	理解力	理解力	知識（社保制度）・判断力
等級レベル	中級	初級	初級	中級
5	保険証が到着する。該当個人へ連絡する。重要書類渡し台帳へ記入する。			扶養・保険の確認後、給与システムに入力する。入力データをエクセルにて抽出して再度、扶養・保険申告用紙と照らし合わせ確認する。
インプット				
アウトプット				
知識・職務（役割）行動	理解力			理解力
等級レベル	初級			初級
6				12月給与支給時に源泉徴収票の印刷をし、給与明細に同封する。
インプット				
アウトプット				
知識・職務（役割）行動				理解力
等級レベル				初級

資　料

N	O	P	Q	R
慶弔業務	各提出書類作成	●●県二次救急運営	医療従事者名簿管理	保健所立入検査対応
慶弔申請用紙が発生時、部署からくる。支給は支出請求書を作成し局長の承認後財務へ。	職員個人から、市や保険会社への提出書類作成の依頼がくる。3～4日で出来ると伝え預かる	毎朝、管理当直より昨夜の救急搬送数・深夜外来数・深夜入院数の報告があり、管理エクセル表に毎日人数を入力する。	医療従事者の入職時に免許証原本を総務へ提出してもらう。医師・歯科医師・看護師・薬剤師・X線技師・管理栄養士・その他の医療従事者の免許を預かる。	保健所の立入検査の検査重点事項に係わる把握をする。
		提出書類		
				検査重点項目
理解力	理解力	理解力	理解力	知識（法律）・判断力
初級	初級	初級	初級	中級
電報関係は交換へ依頼する。その時送信先も伝える。その他必要に応じて供花等、対応する。	書類を作成しておく。個人が取りに来る。渡す。	四半期ごとに二次救急運営事業へ搬送・外来・入院の数を書面にて報告する。	免許証をコピーする。原本とコピーを持って保健所に行き原本照合の印と日付を明記してもらう。	検査前日までに該当部署へ重点項目の報告準備をしてもらう。
	作成後の提出書類	四半期報告書		
理解力	理解力	理解力	理解力	理解力
初級	初級	初級	初級	初級
全部署への連絡が必要な場合は院内ＬＡＮにて必要事項を配信案内する。		年度実績報告書を毎年4月にする。注意：深夜救急搬送人数・深夜外来人数・深夜入院人数のみ表に記入して報告	免許証原本は本人へ早急に返却する。照合コピーは職種別保管ファイルに綴じる。	医療従事者名簿と職種別保管ファイルを準備しておく。
		年度実績報告		
		理解力	理解力	理解力
		初級	初級	初級
		人件費と医療収入の予算集計計算をし、次年度の運営実施予算書を毎年4月に提出する。	照合2年以上経過のコピーは再度照合が必要になる。毎年8月に照合名簿を作成する。	保健所からの指摘事項がある場合、これを受けて関連部門に改善依頼を依頼する。
		運営実施予算書		
		判断力	理解力	判断力
		中級	初級	中級
			該当者へ原本照合の案内を出し、提出してもらい照合を済ませ返却する。	（関連部門からの対応案も含め）組織としての対応策をまとめ、保健所に説明、提出する。
			理解力	企画力
			初級	中級
			医療従事者名簿を作成し保管しておく。注意：立入検査時に必要となる	
			理解力	
			初級	

業務（課業）		S	T	U	V
課業名		医療法関連業務	●●県救急入院報告	全体朝礼	各部連絡文書作成
1	作業の流れ他	各病棟の入退院数を看護部の管理日誌から集計する。	月ごとに綴じた救急搬入患者記録用紙を病院外来より月初受け取る。	毎月：第１水曜の前日の夕方、会議室にて朝礼の準備をする。	連絡文書作成の依頼が来る。内容を確認し作成する。
	インプット	病棟管理日誌			
	アウトプット				
	知識・職務（役割）行動	理解力	理解力	理解力	理解力
	等級レベル	初級	初級	初級	初級
2		入退院数をエクセル表に入力し前月との人数を確認し病院報告用紙（４枚綴り）に記入する。	●●県医療対策の専用救急時入院の状況報告入力画面に当院専用ＩＤにてアクセスする。	会議資料が理事長より指示があれば資料を60部コピーする。	作成印刷後、配布先を確認して部署別メールボックスに入れる。
	インプット				
	アウトプット				
	知識・職務（役割）行動	理解力	理解力	理解力	理解力
	等級レベル	初級	初級	初級	初級
3		毎月５日までに上３枚を保健所に提出する。	専用入力画面にて入力する。救急搬送入院の方の日時・性別・生年月日・住居地域・診療科・病状・症状を入力する。	当日は８時に出勤し会場の音響チェックをする。	連絡の内容で会議等の場合で院内ＬＡＮでの案内が必要の場合は案内する。注意：会議の場所の予約も必要であれば院内ＬＡＮでする。
	インプット				
	アウトプット				
	知識・職務（役割）行動	理解力	理解力	理解力	理解力
	等級レベル	初級	初級	初級	初級
4				総務課長が時間になれば開始司会する。注意：理事長・院長の着席を確認してから開始する。	
	インプット				
	アウトプット				
	知識・職務（役割）行動			理解力	
	等級レベル			初級	
5					
	インプット				
	アウトプット				
	知識・職務（役割）行動				
	等級レベル				
6					
	インプット				
	アウトプット				
	知識・職務（役割）行動				
	等級レベル				

資料

W	X	Y	Z	AA
労働基準監督署関係	職安関係	厚生局関係1	厚生局関係2	不在者投票事務
労災関係の記入用紙、必要種類の把握をする。	毎年3月に障害者雇用状況報告の説明会案内と今年度の報告書が郵送にて届く内容を確認する。注意：障害者本人の障害者手帳のコピーが必要。	診療報酬改定時、診療報酬の改定内容の把握をする。	常勤医師・歯科医師の入職時に大阪府保険医登録証のコピーをいただく。	選挙公示3週間前に実施必要書類一式が該当自治体の選挙管理委員会から郵送にてくる。不在者投票日の日程を決定する。注意：選挙日の4～5日前に不在者投票日を設定する。
必要書類		必要書類		
知識（労災）・判断力	理解力	知識（診療報酬）・判断力	理解力	理解力
中級	初級	中級	初級	初級
必要書類を確認しコピーをとり専用ファイルに綴じる。	インターネットの専用サイトよりエクセルの提出用をダウンロードして必要事項を入力して作成する。	施設基準改定報告時必要な書類を該当部署へ期日を決め依頼する。	登録時は専用用紙記入と保険医登録証のコピーを添付し郵送にて厚生局に提出する。	選挙日の2週間前に各病棟に不在者投票の案内と実施名簿を配布する。注意：実施名簿提出は10日前に締め切る。
		必要書類		案内　実施名簿
理解力	理解力	交渉力	理解力	理解力
初級	初級	中級	初級	初級
労働基準監督署へ労災等の必要種類を持参し提出する。その際、必要に応じ担当官へ状況等を説明する。	作成後、印刷をして郵送にて提出する。	該当部署から記入後の必要書類が戻る。報告書表紙を作成する。必要書類の内容を確認し提出書類を完成させる。必要書類の内容確認が上級	退職時、抹消は専用用紙に記入し郵送にて近畿厚生局に提出する。	実施名簿に投票を希望される入院患者さんを記入してもらい総務へ期日までに返却してもらう。そして各選挙へ個人単位で投票用紙を請求する。請求個人の住民票が他市の場合、該当市町村の選管との調整が必要。
				実施名簿
				実施名簿
交渉・理解力	理解力	決断力	理解力	折衝力
中級	初級	上級	初級	上級
		完成後、コピーを取りファイルに綴じる。提出は持参もしくは郵送にておこなう。注意：厚生局から持参の指示がある時もある。		各選挙管理委員会から早急に個人の投票用紙が送られてくる。案内の日時で不在者投票を個人単位で実施する。注意：担当を決め病室で締め切って投票してもらう。
		理解力		理解力
		初級		初級
		厚生局より提出記載事項の確認や訂正連絡があり対応する。内容を把握し瞬時に対応するのが上級		投票後、各自治体にまとめ選挙管理委員会に郵送する。
		決断力		理解力
		上級		初級
				郵送後、不在者投票実施請求書を作成し、投票リスト名簿を各自治体ごとにまとめ郵送する。
				理解力
				初級

●資料3　職務調査票（例）

職務調査票

作成　　　年　　月　　日

所属	部・課	担当職務	氏　名	現職務経験年数	資格等級	現役職
				年　ヶ月		

<職務調査のねらい>

　教育訓練研修後の行動成果が確実に出るように、現状業務の課題を整理し、対処すべく方法を検討するために活用させていただきます。部門全体の仕事の流れとその内容および各仕事（業務全体あるいは課業）の問題点などが洗い出せるよう人選を行い、実施してください。本職務調査内容に基づき後日、インタビューあるいは討議の中で確認をさせていただくことになります。

<記述手順>

1. まず、日々の行っている仕事をイメージしてください。具体的には、出社から退社するまでにどのような仕事（役割行動）をしているかを順に思い出して記入してください。その際、普段に作成している資料、帳票を思い浮かべるとより具体的に書くことができます。具体的課業内容の欄に「～を○○する」という表現で順に記述してください。

　　日々の仕事が終われば、次は発生頻度にあるように週、月、四半期、半期、1年、不定期の単位での仕事をイメージし記述してください。

2. 同時にその課業を遂行する上で、あるいはした際に問題と感じている点や遂行する上でのリスクが潜んでいると感じている、注意していることを記述してください。

　　遂行上の問題点およびリスクとその解決方向の欄に、「よく●●が起こるため、××することにしている」と記入してください。

3. 具体的課業内容を書き終えたら、一括りできる課業に対して最も適切と思われる業務の名称を、「業務名」に記述してください。

<記入上の留意事項>

　特に、綺麗に整理して記述しようなどと思う必要はありませんが、具体的、丁寧にご記入をお願いします。普段遂行されている仕事を手順に沿って洩れなく思い出すことに努めていただければ結構です。後日、インタビューあるいは討議により確認をさせていただきますので気を楽にしていただき、ご記入ください。

現在の仕事と具体的内容				遂行上の問題点およびリスクとムダ（利益の源泉）と想定される解決方向
業務名	遂行レベル	発生頻度	具体的課業内容（「～を○○する」という表現で記述）	

※遂行レベル［1：上司の承認が必要、2：独力でできる（自己裁量でできる）　3：他者・他部門との協力が必要］
※発生頻度［1：日、2：週、3：月4：半年、5：四半期、6：1年、7：その他］

●資料４　職務調査票（例：大学キャリアセンター）

所属		氏名								
業務機能	対応課業	担当者等級	新等級	遂行レベル	発生頻度	具体的課業内容	現等級経験年数	仕事に必要な能力要件	仕事に必要な知識および技能（現役職）	遂行上の問題点およびリスクとその解決方向
渉外業務	業者・企業対応	4	5	2	1	①対応企業の重要度を分ける		判断力	企業研究、本学との関係把握	業者の提案のメリット、デメリットを検証し費用対効果を考え、他大学に流されることなく目的に沿った成果の出る提案をみつける
		4	5	2	1	②重要度別に担当者を振り分ける		判断力		
		2	2	2	1	③重要度低レベル来客対応と情報収集と記録		表現力		
		3	4	2	1	④情報収集内容の記録と上位者、課内の情報共有		理解力	人事担当と本学の良好な関係を築く	
		4	5	2	2	①重要度中レベル来客対応と上位者、課内の情報共有		判断力	本学にとってメリットは何かを会話の中から掴み取る	
		4	5	2	2	②重要度高レベル来客対応と上位者、課内の情報共有		交渉力		
		4	5	2	2	①重要度高レベル来訪内容の記録と上位者、課内の情報共有		判断力		
		5	6	2	7	②訪問企業の必要性を判断		決断力		
		4	5	2	7	③訪問企業、日程などを決める		判断力	企業との関係性を理解した上での話術	
		2	2	2	7	③各アポ割り当てを決める		表現力		
		2	2	2	7	④企業からの情報を収集、記録、検討		判断力		
		3	3	2	7	⑥企業からの情報を収集し、関係性の価値判断ができる		交渉力		
クレーム対応業務	企業・学生・保証人	2	2	2	7	①クレーム発生		理解力	冷静な対応力。回答前の事実確認と最終判断までのスムーズでスピーディーな対応	重要なステークホルダーとの関係構築のため最大の注意を払う応対者の要求と段階と正確な報告と判断力が必要
		2	2	2	7	②対応者につなぐ		理解力		
		4	5	2	7	③事実の確認		交渉力		
		4	5	2	7	④問題解決しない場合のクレームのレベル判断		判断力		
		5	6	2	7	⑤最終段階の対応		決断力		
講座運営業務	ガイダンス（個別記入せず）	4	5	2	2	①年間ガイダンスのスケジュール決定		判断力	・学年ごとの就職活動、ガイダンスに関する知識 ・社会情勢と年次ごとの学生のレベル、特性の把握 ・費用対効果のあるガイダンスの分析力	増加しがちなガイダンス運営をいかに過去の検証から効果を検証し最小限で実施できるかが課題である
		3	4	2	2	②各ガイダンスの担当者振り分け		企画力		
		3	3	2	2	③前年度実施内容検討と課題の洗い出し		企画力		
		3	3	2	2	④ガイダンス内容の提案		決断力		
		5	6	2	2	⑥ガイダンスの実施日決定		判断力		
		3	4	2	2	⑥業者の選択		交渉力		
		3	3	2	2	⑦業者・講師など内容・予算交渉		交渉力		
		3	3	2	2	⑧資料・ＰＰＴ作成		企画力		
		2	2	2	2	⑩学生への告知、申込みのためのシステム設定、資料印刷		理解力		
		4	5	2	2	⑪同会進行、やや高度なガイダンス講演の実施（掲示、座席表、出欠など）		交渉力		
		3	3	2	2	⑪同会進行、3年生対象ガイダンス講演の実施		交渉力		
		3	3	2	2	⑪同会進行、1、2年対象ガイダンス講演の実施		表現力		
		3	3	2	2	⑫ＰＤＣＡサイクルによる次年度への振り返り		企画力		

● 資料5　プロセス展開表（朝起きて、家を出るまで）

			部署			作成者
業務（課業）	A	B	C	D	E	F
課業名	起床	天気予報入手	ジョギング準備	ジョギング	シャワー	髭そり
成果指標	起床時刻遵守率	時間	時間	消費カロリー	時間	時間
業務上リスク	寝坊する					
1 作業の流れ他	設定した時刻に目覚まし時計がなりとめる	リモコンでテレビをつける	ジョギングウエアに着替える	10分間のジョギングをする	服を脱ぎ、脱いだものを洗濯カゴに入れる	シェービングフォームをつける
機能内容(P・D・C・A)						
インプット						
アウトプット						
関連プロセス						
KPI（先行指標）	目ざまし時刻設定ミス件数	テレビをつけるまでの時間	着替え時間	走る距離、走るスピード	服を脱ぐ時間	シェービングフォームをつける時間
遂行上のリスク	目ざまし時刻設定ミス	リモコンがなく探す	ジョギングウエアがなく探す	いつものコースが使えない	洗濯カゴがない	シェービングフォームがなく探す
業務区分						
重要度						
会計上の留意点						
2	メガネをかける	チャンネルを選びしばらくテレビを眺める（天気予報を見たい）	タオルを準備する		シャワーを浴びる	髭をそる
機能内容(P・D・C・A)						
インプット						
アウトプット						
関連プロセス						
KPI（先行指標）	メガネをかける時間	天気予報を入手する時間	タオル準備時間		シャワー時間	髭そり時間
遂行上のリスク	メガネがなく探す	時間帯で番組が異なる	タオルがなく探す		石鹸がなく準備する	顔を切る
業務区分						
重要度						
会計上の留意点						
3	ベッドから出る		ジョギングシューズをはく		体を拭く	顔をすすぐ
機能内容(P・D・C・A)						
インプット						
アウトプット						
関連プロセス						
KPI（先行指標）	ベッドから出る時間		シューズをはく時間		体を拭く時間	顔をすすぐ時間
遂行上のリスク	二度寝する		シューズがなく探す		タオルがなく探す	すすぎ残し
業務区分						
重要度						
会計上の留意点						
4					引き出しから下着を出し、下着を着る	化粧水をつける
機能内容(P・D・C・A)						
インプット						
アウトプット						
関連プロセス						
KPI（先行指標）					下着を着る時間	化粧水をつける時間
遂行上のリスク					下着がなく探す	化粧水がなく探す
業務区分						
重要度						
会計上の留意点						

資　料

G	H	I	J	K	L	M
朝食	トイレ	歯磨き	整髪	服を着る	持ち物チェック	家を出る
時間	時間	時間	時間	時間	忘れ物件数	時間
				何度も選びなおす	忘れ物をする	
パンを焼く	玄関に新聞を取りに行く	歯ブラシを準備し歯磨き粉を付ける	再び髪に水をスプレーしブローする	着ていく服・小物を選ぶ	手帳でその日のスケジュールを確認する	靴をはく
パンを焼く時間	新聞を入手するまでの時間	歯磨き粉をつける時間	ブロー時間	選ぶ時間	確認漏れ件数	靴をはく時間
パンがなく探す	玄関になく新聞を探す	歯磨き粉がなく探す	ドライヤーがなく探す	服・小物が決まらない	確認漏れ	靴が汚れていて磨く
焼けたパンにバターを塗る	新聞を読みながら用を足す	テレビを見ながら歯を磨く	整髪料をつけセットする	着替える	鞄の中身を確認する	ドアに鍵をかける
バターを塗る時間	用を足す時間	歯磨き時間	整髪時間	着替え時間	用意不足の件数	鍵をかけるまでの時間
バターがなく探す	新聞を読みふける	テレビに見入ってしまう	髪型が決まらない	シャツのボタンが取れている	用意していないものが見つかる	鍵がなく探す
冷蔵庫をのぞき手をかけず食べられるものを探す（バナナ・ヨーグルトなど）		口をすすぐ		鏡の前で服装をチェックする	財布の残高を確認し、必要があれば補充する	再度施錠を確認し出かける
食べ物を探す時間		口をすすぐ時間		選びなおし回数	必要現金不足件数	
手がからない食べのもがない		コップがなく探す		納得がいかず選びなおす	補充する現金がない	
朝食を食べる						
食事時間						
食事に時間がかかる						

●資料6　役割基準書（例：病院総務人事部）

役割基準書

部門　　　　本部　総務・人事部
職種　　　　事務職　　　　　　　　　　　　　　　等級　　中級

課業	役割行動	役割行動能力	課業コード
協会けんぽ関連業務	抹消、変更の手続は本人が総務へ来て必要書類に記入してもらう。	知識（社保制度）・判断力	J-1
	抹消・変更の手続は本人が総務へ来て必要書類に記入してもらい、届出書類を協会けんぽに郵送する。家族で資格取得が可能かけんぽより確認依頼がある。	交渉力	J-4
年末調整業務	年末調整提出後、保険控除はすべて確認し計算して必要欄に記入する。	判断力	M-3
	扶養控除の全員の確認をして税法にあわせチェックする。不明な点がある場合、個人に確認をする。	判断力	M-4
●●県二次救急運営	人件費と医療収入の予算集計計算をし、次年度の運営実施予算書を毎年4月に提出する。	判断力	P-4
保健所立入検査	保健所の立入検査の検査重点事項に係わる把握をする。	知識（医療法）・判断力	R-1
	保健所からの指摘事項がある場合、これを受けて関連部門に改善依頼を依頼する。	判断力	R-4
	（関連部門からの対応案も含め）組織としての対応策をまとめ、保健所に説明、提出する。	企画力	R-5
労働基準監督署関係	労災関係の記入用紙、必要種類の把握をする。	知識（労災）・判断力	W-1
	労働基準監督署へ労災等の必要種類を持参し提出する。その際、必要に応じ担当官へ状況等を説明する。	交渉力	W-3
厚生局　施設基準　改定・報告	診療報酬改定時、診療報酬の改定内容の把握をする。	知識（診療報酬）・判断力	Y-1
	施設基準改定報告時必要な書類を該当部署へ期日を決め依頼する。	交渉力	Y-2
非常勤労働契約書	給与システムから該当者基本情報（社保・雇用保険）のデータをエクセルに抽出する。	知識（社保・雇用保険）・判断力	AB-1
新入職研修	新入職研修会の講師の先生へ可能日の調整をして実施日を決める。	交渉力	AE-3
人事制度	理事長方針の中で人事制度に係わる項目の選択及び内容を把握する。	判断力	AN-1
	法人内で運用している人事制度の問題点を把握する。	企画力	AN-2
	運用している人事制度と理事長方針のGAP分析をする。	判断力	AN-3

資　料

課業	役割行動	役割行動能力	課業コード
安全衛生	衛生委員会及び労働災害を通しリスクを洗い出す。	企画力	AO-1
福利厚生	社会の情勢で一般に行われている福利厚生と当法人の現状の分析をする。	企画力	AP-1
労使関係	団体交渉前の準備（過去の資料からの分析、法律改正収集）をする。	企画力	AQ-1
労使関係	理事長方針に沿った関係部署及び関係者との調整をする。	交渉力	AQ-3
能力開発管理	理事長方針の中で人材像つくりに係わる項目の選択及び内容を把握する。	判断力	AR-1
能力開発管理	理事長方針に基づく人材像を実現するための教育計画を策定または見直す。	企画力	AR-2
能力開発管理	必要に応じて内容を社内外講師へ要請し開催日の調整をする。	交渉力	AR-4
要員管理	要員計画をするため、理事長方針の中で人事に係わる項目の選択及び内容を把握する。	判断力	AS-1
要員管理	理事長方針を受け、採用計画を立案する。	企画力	AS-2
要員管理	採用計画に基づき、関係部署の調整をする。	交渉力	AS-3
契約管理業務	本部内及び各部署にて発生する契約に関する事務処理を必要であれば行う。	判断力	AT-1
不動産（法務）管理	本部内及び各部署にて発生する賃貸・土地売買・法務的記載変更に関する事務処理を必要であれば行う。決算書が必要であれば財務からもらう。	判断力	AU-1
地域行事対応業務	市町村及び自治会行事の年間スケジュールの確認と予算申請をする。	判断力	AV-1
地域行事対応業務	市町村及び自治会行事の参加や協賛金の対応をする。	判断力	AV-2
地域行事対応業務	行事によっては依頼を受ける内容がさまざまなのでそれぞれに対応する。	交渉力	AV-3
地域行事対応業務	行事終了後の報告書を作成する。（費用対効果など）	企画力	AV-4
広報業務	本部にて必要となる院内広報の年間計画を策定する。	企画力	AW-1
広報業務	院外広報の必要度を判断し印刷内容に応じ印刷会社へ発注する。	判断力	AW-3
広報業務	広報効果の確認をし、次期計画のための改善案を検討する。（特に、院外広報について）	判断力	AW-4

●資料7　職務評価基準

評価項目	1	2
知　　識	①簡単な読み・書き・計算が求められる(伝票等の読み書き) ②製品・部品の基礎常識(分類程度) ③機器・治工具の取り扱い要領の理解を必要としないが単純な作業手順の理解を必要とする	①幾つかの計算方法が求められる(統計計算等) ②担当製品・部品の名称・コードと現品を一致させて理解していること ③単体の機器の操作手順・要領を理解していること
技　　能	①品質の良否までの判断を要しない ②取り扱いの習熟を要しない ③機器・治工具の操作技量は起動・監視・停止程度	①明らかな外観品質の良否の判断が求められる ②丁寧に取り扱うための習熟が求められる ③機器・治工具の操作や簡単な調整ができること
精神的負荷	①動作・行動の自由はあり、作業の拘束感は殆どない ②五感による緊張を要しない ③Gr作業での共同作業者への配慮による緊張感は殆どない ④時間に追われる切迫感は殆どない	①動作・行動の自由はききにくく、作業の拘束感が感じられる ②五感による緊張が多少ある(断続的注視・動きながらの読み取り) ③Gr作業での共同作業者への配慮が求められ、緊張感がある ④時間に追われ、切迫感がある
肉体的負荷	①殆ど連続的に動き回ることは無く、軽作業で夏以外で汗ばむことはない ②取り扱い物も軽く、また小さく片手で取り扱える。時として両手で取り扱う場合が断片的にある	①軽い物を持ったり、台車を押したり連続または断続的に限定された範囲で動き回る ②やや無理な作業姿勢や局部的な身体の動きが連続し、多少の疲労感が残る
作業環境	①汚れ・騒音・臭気等は殆どない ②ケガ等の危険な要素は殆どない ③寒暖の影響は殆どない(空調設備はある)	①若干の汚れ・騒音・臭気等はあるが、慣れれば気にならない ②若干のケガ等の危険な要素はあるが、軽微なスリ傷・手の荒れ程度で、通常の注意力で防止できる ③断続的であるが寒暖の影響を受ける ④軽い防護服の着用がある
業務責任	①作業は単純・補助的で平易で失敗の影響は殆どない	①上司・上級者・次工程の点検を受け、失敗しても、その影響は少なく、手直しや挽回策は比較的容易にできる ②品質・納期等のチェック確認のミスや異常報告のモレ・遅れは次工程の作業能率を低下させたり、コストのロスを発生させる

3	4
①前後工程及び関係先の業務の内容あるいは終わり方を理解していること ②取り扱い製品・部品の機能・構造・用途・LT等を理解していること ③多機種あるいは複雑な機器やパソコンの操作手順、要領を理解していること	①過去からの製品の推移や技術特性の理解が求められる ②作業トラブルの原因と対応方法の関係についての経験的な知識が求められる ③多数の工程あるいは関係先の業務内容あるいは係わり方を理解していること
①微妙な感覚的判断（視覚・嗅覚・触覚・聴覚等）や手先の微妙な器用さや熟練が求められる ②定められた範囲ではあるが簡単なやり方の判断や工夫が求められる ③機器の簡単な修理・調整ができること（分解・組立）	①視覚と手先の微妙な協応動作、器用さや熟練が求められる ②常にその場の状況にあわせて定められた基準に準拠して判断ややり方の工夫が求められる（手法を駆使したプログラミングの駆使が求められる）
①連続して機器等に拘束され、自由な動作・行動が出来ない ②五感による注意力を持続することが求められ、業務中に時々手を休めなければならない	①連続して拘束され、その間強度の注意力を持続しなければならず、通常の休憩時間の外に時々休憩をとらなければならない
①連続して動き回る中に、断続的に力を要する作業が含まれ、汗ばむことがある ②断続的であるが無理な作業姿勢や局部的な身体の動きがあり、作業終了後は多少の疲労感が残る	①力を要する作業が連続し、且つ動き回り、冬でもしばしば汗ばみ、慣れないと苦しく感じられる ②無理な作業姿勢や局部的な身体の動きが連続し、断続的に作業の中断や休憩を取らないと作業能率が低下する
①騒音・異臭が強く、慣れても不快感を感ずる ②災害が起これば、ある程度のキリ傷・打撲傷・火傷が予想され、十分な注意力が求められる ③常時、高温で頻繁に発汗したり、逆に断続的ではあるが寒く、防寒具の着用が必要	①常時、騒音・異臭・寒暖条件が厳しく保護具を必要とする ②災害が起これば重大災害の可能性もあり、注意のほかに定期的な訓練を必要とする
①上司・上級者・次工程の点検を受ける事は少なく、失敗した場合、関係先への影響は大きく、手直しや挽回策は大変で混乱をまねく ②品質・納期等のチェック確認のミスあるいは仕分けのミスや数量の過不足は直接客先や主工程で発見され、客先選別・ラインストップ等や信用の低下をまねく	①上司・上級者・次工程の点検を受ける事は殆どなく、失敗した場合、関係先への影響は大きく、手直しや挽回策はなかなか難しい ②品質、納期等のチェック確認のミスあるいは仕分けのミスや数量の過不足は直接客先や主工程で発見され、客先選別・ラインストップ等でペナルティをまねいたり度重なれば信用の失墜をまねく

●資料8　職務記述書

職務名：入出庫職

<遂行業務>

単位業務名	課業（業務の内容）
1．入庫、保管	①入庫予定表の確認及び入庫部品との照合 ②入庫部品・包装資材の仕分け、整理、保管 ③未入庫部品の確認及び連絡督促
2．ピッキング	①出庫予定とキット化リストの確認及びピッキング箱の準備 ②出庫カードの取り付け ③部品のピッキング ④仕向先別（製品・工程別）ピッキング ⑤出庫仮置き場所への搬送
3．後始末	①通函・ピッキング箱への整理 ②職場の清掃 ③部品・資材等の片付け

<遂行要件>

要件項目	評価	評点	要件の内容
知　　識			①部品の種類・名称・外観・コード及びその製造先が分かる ②キット化リストが読める ③ピッキングの仕分けの手順及び要領が分かる ④仕向先別（工程別）の部品の置き場・保管場所が分かる ⑤出庫（製造）予定及び製品と部品のＬＴが分かる
技　　能			部品の取り扱いに習熟している
精神的負荷			出荷時間に追われる
肉体的負荷			①部品を取る・置く・運ぶ・台車を押すの作業が継続する ②一時的に積み降ろしの力作業が集中する（通常の休憩時間で回復）
作業環境			作業場は一応冷暖房はあるが外気にさらされる作業がごく一部ある
業務責任			ピッキングミスは一部の工程において手待ちを発生させ、連続して発生した場合は、一時的にラインストップが生じ、コスト上の損失を被る
	合計		

資　　料

●資料9　間接部門の業務改善事例

<間接部門の業務改善事例>

　間接部門は、直接部門が業務に専念できるよう取り計らうという視点から支援業務が自然膨張する傾向にあります。しかし、直接部門が効率化や標準化を図ることなく、安易に間接部門に業務を依頼することから、ルールが定まっていないうえに、伝達される情報が整理されていないなど、業務を正常に処理できる状態でないことが多く見受けられます。
　このため、まずは業務を洗い出し、改善するとともに、顧客視点から業務を円滑に処理できる条件を整備していくことが求められます。
　ここでは、プロセス展開表ではなく職務調査票を活用し、業務量調査と分析を実施したＢ社の間接部門の業務改善事例について説明します。
　営業部門と生産部門の間を調整する生産管理課の事例です。この部門は元々７名いましたが、職務調査を実施する前に、生産計画業務を改善したことで既に２名削減できていました。そのうえで更に以下の改善を進めています。
　現在所属する５名の従業員に対して職務調査票を活用し、職務調査（表－１）と業務量調査（表－２）を実施しました。
　業務量調査・分析では、日々遂行される業務に関しては業務ごとに５日間の業務量と時間を調べ、平均的業務量（件数）と平均時間を算出しました。（不定期業務については、周期性を導き出せるものは定期的業務に改善することを原則にしますが、そうならない業務については、不定期であっても遂行した場合の１単位当たりの基準時間が算出できる場合と、クレーム処理や相談業務のように算出できない場合があり、前者についてだけ定期業務と同様に経験的推定時間を設定しました。

表－1

所属	担当職務	現職務経験年数	氏名	資格等級	現役職
生産管理課					

業務機能 (中分類)	まとまり課業 (小分類)	発生頻度	具体的課業内容	遂行上の問題点及び リスクとその解決方向
勤怠管理	勤怠管理システム確認、登録	1	①前日の生産管理等の残業申請書の分をクロノスに登録	残業申請時間に差異がないか、必要事項が記入されているか確認
			②打刻漏れがないか確認	
			③前日までの残業時間を集計して提示	
工場間荷物の移動	版下準備	1	①通い表の中の改版アイテムについて確認する	通い表に表示された改版アイテムを見逃す可能性がある
			②改版アイテムの版下を版下置場から探す	版下置場に置かれていないことがあり、探すのに時間がかかる
			③ピックアップした版下を通い袋に入れ、Ｂ工場へ回す	
	通い便の変更連絡対応	1	①前日に作成した通い表の変更を依頼された場合、または変更がある場合、各物流者へ連絡	1．前日の予定の進捗によるエージング時間の問題 2．Ｂ工場の置き場の問題 3．原反不良による作業中止 4．指示漏れ（忘れ） 上記4点が主な原因による物流の変更が発生する
	通い表作成準備 （Ａ工場⇔Ｂ工場の分）	1	①Ｂ工場の翌日の米袋予定出力	
			②予定表のアイテムの原反が現時点でどこにあるかを生産管理システムで確認	
			③Ａ工場にあるものは、Ａ工場のＦ工程予定をもとにＦ工程終了予定時間（予定組者の時間指定時刻）から載せる便を決める	
			④Ａ工場Ｆ工程予定の○○品について、生産管理システムをもとに翌日使用分は③で決めた便に載せ、それ以外の○○がいつ・どこで作業されるものか生産計画を生産管理システムで確認する	
			⑤Ｂ工場Ｆ工程品の引き上げについて、次工程がＡ工場で作業するものはエージング時間・生産予定をもとに引き上げる便を決める	
	通い表作成	1	①これらがおおよそ決まったら、通い表専用フォームに入力し、細かい指示がある場合はそれも合わせて入力	

資　料

業務機能 (中分類)	まとまり課業 (小分類)	発生頻度	具体的課業内容	遂行上の問題点及び リスクとその解決方向
			②翌日のB工場F工程予定をもとに、F工程で使用するE工程原反移動分を入力	
			③翌日G工程、W製法予定表をもとに、第1工場→第2工場への移動分を入力	
			④前日までのG工程、W製法予定表をもとに、B工場へ移動する分を入力	・翌日、場内物流者から指示したものが見つからないと問い合わせがくる 　1．物流者が見逃している 　2．指示のダブり 　3．生産が終わっていなかった
			⑤翌日の外注に送るE工程原反、F工程原反がある場合は第1工場の物流者への出庫指示書を作成する	
			⑥全ての移動指示書が完成したらプリントアウト	
			⑦各物流者へコピーして配布しておく	
外注手配関連	外注より入荷分の生産実績入力	1	①外注からFAXが届いたら、生産実績を登録	実績の登録間違い
			②必要なものはラベルを発行する	
			③発行したラベルを業務へ渡す	
	外注より直送分の売り上げ処理対応	1	①外注からFAXが届いたら、生産実績を登録	実績の登録間違い
			②出荷指示を確定し、出荷実績を登録	
			③納品書を発行し、納品書とFAXを照合	
			④営業所分は納品書をFAXする	
	外注手配一覧表作成	1	①生産管理システムにて前日の受注データ、製品マスタデータを抽出	
			②マクロを使って外注F工程・外注製袋のオーダーを抽出し、一覧表を出力する	マクロによるデータ抽出に失敗すると、外注生産手配が遅れてしまう可能性がある
			③抽出したデータをもとに、どの外注へ送るかを生産管理システム（過去の実績、製品マスタ）で確認する	
			④完成した一覧表をX氏（外注納期管理者）とZ氏（原反発注者）へコピーを渡す	
	外注へ仮手配	1	①作成した外注手配一覧表をもとに、各外注へ注文書を作成する	
			②仮注文のFAXを送る	※外注品は、仮FAXを送った後、使用する副資材を過去の実績から確認してメモしておく

業務機能 (中分類)	まとまり課業 (小分類)	発生頻度	具体的課業内容	遂行上の問題点及び リスクとその解決方向
	当日及び翌日に外注へ送る納品書準備	1	①Ｘ氏（外注納期管理者）より、翌日に外注へ送るアイテム一覧表を受け取る	
			②一覧表をもとに、翌日送るアイテムの注文書を準備し、必要事項（送る原反のＭ数、外注直送の原反の入荷日 等）を記入	Ｆ工程原反を送る場合、エージング時間が足りているか確認する
			③注文書をコピーして、行き先ごとにまとめて封筒に入れておく	※外注品は、製品ラベルを準備するため、仮実績を登録してラベルを発行し、製品仕様書等も準備して袋にまとめておく
			④送る荷物（原反、副資材）用のラベルをそれぞれ準備	
			⑤まとめて業務へ渡す	
	当日外注送り分のＦＡＸ	1	①当日外注に送る分の移転送がされているか生産管理システムで在庫データを確認する	
			②各外注先へ注文書をＦＡＸする	
			③各外注先ごとに注文書をファイリングする	
原反発注関連	◇◇様アイテム用原反、Ｚ商品原反の発注	2	①◇◇様アイテムの原反について、Ａ工場在庫がなくなり次第発注する（およそ２週に１回）	
			②Ｚ商品用原反について、週単位の生産予定数量を確認し、予定に合わせて原反を発注する	
	Ｗ材使用予定一覧表の作成	2	①前週の受注の在版以外のアイテムを抽出する	Ｙ社よりＷ材使用予定が不明のため在庫が作り切れないとの要望があり、こちらから使用予定一覧表を提供している
			②その中でＹ社の原反を使用するアイテムを抽出する	
			③Ｗ材使用予定一覧表を作成するためのフォームに、前週の在版以外のＹ社原反使用アイテムを登録する	
			④今週、来週、再来週のＥ工程・Ｆ工程の生産予定データをもとに、専用フォームでＷ材使用アイテムを抽出する	
			⑤Ｗ材使用予定一覧表をＹ社へ送る	
	原反確定納期入力	1	原反納期回答ＦＡＸが届いたものについて、生産管理システムに納期登録する	※翌日着分を優先に登録する（時間があるときは翌日以降の分も登録する）
その他	書類とじ	1	①当日の通い表、◆◆便の委託書をとじる	
			②原反納期確定入力完了したものを該当ファイルにとじる	

資　　料

業務機能 (中分類)	まとまり課業 (小分類)	発生 頻度	具体的課業内容	遂行上の問題点及び リスクとその解決方向
			③G工程、W製法の当日予定をとじる	
			④E工程、F工程日報をとじる→F工程の原反カードを袋にまとめる	
			⑤F工程の原反カードはまとめて収納場所へ持っていく	
	●●様サンプル送付	2	①●●様の生産予定があるかE工程予定を確認する	現場にてサンプルの取り忘れ、自身の該当アイテムの確認漏れにより、サンプル送付漏れ発生の可能性あり
			②該当製品について、現場から必要事項が記入されたサンプルが届いたら、記入事項に間違いがないか生産管理システムで確認する	
			③サンプルをまとめて荷造りする	
原反発注関連	原反納期確認・交渉	1	①原反納期回答ＦＡＸが届いたものについて、納期が遅れているものは、生産に間に合うかどうか確認	
			②必要に応じて納期短縮をかける	変更できないものについては、生産納期・生産予定から判断し、メーカーと営業（もしくは予定組者）に交渉する
原反発注関連	原反数量変更・納期変更・緊急手配対応	1	①営業より納期変更、数量変更、緊急手配があったものについて、メーカーへ依頼をかける	
			②変更・手配できたかどうか確認し、営業・予定組者へ報告する	
	原反在庫データ処理	1		
	原反返品連絡	7	①工場長から返品連絡がきたものについて、各メーカーのフォームに明細を入力	
			②発注先へ連絡する	
	原反返品準備	7	①メーカーから返品先の連絡がきたら、納品書と送り状を準備する	
			②業務へ返品する原反を準備してもらうよう指示する	
			③納品書と送り状を業務に渡して出荷してもらう	
			④送り状をメーカーへＦＡＸする	
	版下発送準備	7	①現場から戻ってきた版下について、各営業所で2アイテム以上たまったら、梱包する	
			②各営業所の送り状を準備する	
			③梱包した版下に送り状を貼り、発送する	

※発生頻度［1：日、2：週、3：月、4：半年、5：四半期、6：1年、7：その他］

表－2

職務量調査・分析標

業務機能 (中分類)	まとまり課業 (小分類)	発生頻度	所要時間(分)	活動単位	平均 (Max/Min)			業務区分	SM(個数)	SM(時間)
					アイテム数/件数	所要時間(分)	単位時間(分)			
勤怠管理	勤怠管理システム、登録	1	10	1件	12.8 (20-8)	10.8	0.8	固定	20	16.9
工場間荷物の移動	版下準備	1	5	1アイテム	0.8	1.4	1.8	管理	2	3.5
	通い便の変更連絡対応	1	5	1回	1	6.7	6.7	管理		6.7
	通い表作成準備（A工場⇔B工場の分）									0.0
	予定表のアイテムの原反が現時点でどこにあるかを生産管理システムで確認	1	30	1アイテム	23.4 (33-12)	19.0	0.8	変動	33	26.8
	通い表作成	1	30	1アイテム	48.2 (59-35)	33.0	0.7	変動	59	40.4
外注手配関連	外注より入荷分の生産実績入力	1	5～20分/件	1アイテム	2.2 (3-1)	9.2	4.2	変動	3	12.5
	外注より直送分の売り上げ処理対応	1	約20分/件	1アイテム				変動		20.0
	外注手配一覧表作成	1	10	1回		5.6		変動		5.0
	外注へ仮手配	1	3/件	1アイテム	1.2 (3-0)	4.0	3.3	変動		3.0
	当日及び翌日に外注へ送る納品書準備			1アイテム	4 (6-1)	29.4	7.4	変動		6.0
	外注ラミ品		約5分/件							
	外注製袋品		約15～20分/件							
	当日外注送り分のFAX	1	5		1.8 (2-0)	1.4	0.8	固定	3	2.3
原反発注関連	◇◇様アイテム用原反、Z商品原反の発注	2	各10					管理		0.0
	W材使用予定一覧表の作成	2	30	1回				管理		20.0
	原反確定納期入力	1	約30秒/件	1アイテム	64.8 (96-36)	36.6	0.6	変動	96	54.2
その他	書類とじ	1	10	1回		6.2		固定		10.0
	●●様サンプル送付	2	10	1アイテム	3 (9-0)	4.0	1.3	管理		10.0
原反発注関連	原反納期確認・交渉	1		1件	1	2.4	2.4	管理		2.4
原反発注関連	原反数量変更・納期変更・緊急手配対応	1		1件	1.4	3.8	2.7	管理	2	5.4
	原反在庫データ処理	1		1	5.6 (18-3)	1.8	0.3		18	5.8
	原反返品連絡	7		1件	0.8	4.4	5.5	管理	1	5.5
	原反返品準備	7		1件	0.6 (1-0)	6.4	10.7	管理	1	10.7
	版下発送準備	7		1カ所	0.8 (3-0)	4.0	5.0	管理	3	15.0
									合計	282.1

※発生頻度［1：日、2：週、3：月、4：半年、5：四半期、6：1年、7：その他］

この結果、各所属員が職務遂行に掛けている平均的な時間を算出することができます。不定期業務の時間は算定できていませんが、通常業務を正確に遂行することや関係部署の協力を得てルールを定めることができれば不定期あるいは管理業務は削減することが可能となります。

　何も改善しなければ5人工（人工とは、1日に働く作業量の単位）でしたが、調査した段階では、繁忙期を想定した業務量であっても理論的に4.0人工と既に5人の所属員の業務量に満たないことが判明しました（表－3）。

　その後、各所属員の業務の中で時間が掛かっている業務に注目し、その業務の手順を確認し、ＥＣＲＳの視点[※]で改善を行い、2カ月で4人工まで削減しました。

　この過程で、担当者が前任者から引き継がれていた業務について問題意識をもつことなくそのまま遂行していたことや、安易に関係者に問い合わせ、この問い合わせること自体が無駄であり改善すべきとの認識がなかったことなど、多くの課題を部門で理解することができました。

　　※ECRSの視点：業務改善のための手順と視点のことです。
　　　　　　　　①排除(Eliminate)：不要なものを洗い出し、排除を進める。「ムダなものを無くしたら」「不必要な作業をやめたら」
　　　　　　　　②結合(Combine)：類似する業務の統合する。「まとめてみたら」「組み合わせてみたら」「同時に行ったら」
　　　　　　　　③交換(Rearrange)：作業順序を組み替えるなど再構成する。「順序を入れかえたら」「他のやり方に変えたら」「他の物と取り替えたら」
　　　　　　　　④簡素化(Simplify)：業務の簡易化を図る。「単純にしたら」「簡単にしたら」「数を少なくしたら」

表－3　繁忙期処理数を前提として

担当者	工数（分）
A氏	423
B氏	120
C氏	282
D氏	545
E氏	567
合計	1,937

4.0　人工

表－4　　　　　　　　　　各業務と開始時刻

時刻	担当者	A氏	B氏	C氏	D氏	E氏
～8：30			外注管理表チェック・更新	勤怠管理システム確認、登録		原反発注表作成
8:30		清掃、朝礼・メール確認				
8:40						
8:50		週間予定　印刷・ドライ				
9:00			外注管理表の作成と管理	版下準備		原反発注入力
9:10				通い便の変更連絡対応	I様出荷分指示書作成（翌日分）	
9:20				外注手配一覧表作成		
9:30				外注へ仮手配		
9:40				当日及び翌日に外注へ送る納品書準備		
9:50			当日オーダーの外注関連の短期チェック			
10:00			送り状のチェック		当日出荷指示確認、未確定分の確定作業	◆◆便ラベルなし分ラベル作成
10:10			外注からの製品出荷確認			
10:20						当日使用の原反入荷状況確認
10:30		合同ミーティング				
10:40						原反番号振替
10:50						
11:00				原反確定納期入力		原反発注済データ作成
11:10						
11:20						
11:30		日計計画作成　印刷			K社様出荷指示書作成（翌日分）	
11:40					M社様出荷指示書作成（翌日分）	A社様出荷指示確定
11:50		日計計画作成　ドライ				
12:00						A社様出荷指示書データを輸送へ送る

改善の成果は、マニュアルや新帳票の作成や更新するなど、誰もができるように整備をしています。
　くわえて、部門内での業務の連携がうまくいかずタイミングが合わないことから手待ち時間が生まれないように、日々の各所属員の課業の開始時間を明確にし、連携して遂行する業務の前工程の従業員は後工程の従業員の業務の開始時間を意識して業務が遂行できるように、定時内業務の開始時間の見える化をしました。（表－4）
　現在、繁忙期であっても余裕をもって4人で遂行できるように目標業務量を更に3.8人工として、各人の業務改善をしています。また、B氏の業務は、特定顧客に対してのみ実施されていた業務で、この顧客担当営業社員が実施することの方が効果的で、効率も向上するとの判断となり、生産管理課から営業部門に移譲され、実質3人工の業務量となりました。また、A氏が遂行する業務の多くがA氏しかできないものが多く、今後のリスクを考え、現在、出荷および出庫（計画）に近い工程の生産計画の策定マニュアルを作成し、一つずつ改善に取り組んでいます。

●資料10　プロセス展開表（例：資材課倉庫G）

業務（単位業務）		A	B	C 部署	D 資材課
単位業務名		部材の入庫	受入検査	部材の出庫	欠品連絡
成果指標		入庫ミス件数	検査漏れ件数	出庫ミス 出庫遅れ件数	連絡漏れ件数
業務上リスク		入庫ミス	検査漏れ	出庫ミス・出庫遅れ	連絡漏れ
1 作業の流れ他		ベンダーから納品された部材の現品と納品伝票を照合し検収する	品質保証部へ重要保安部材の受入検査を依頼する	出庫指示ミーティングで部材出庫指示を確認する	欠品部材の品名・数量生産予定日などを確認する
機能内容(P・D・C・A)					
	インプット	納品伝票・部材	重要保安部材	日程表・生産進捗表	ピッキングリスト
	アウトプット	検収済み部材	受入検査依頼書	部材出庫指示書	欠品部材情報
	関連プロセス		品質保証部	生産管理・製造部	
	KPI（先行指標）	検収間違え・検収漏れ件数	検査依頼漏れ件数	確認漏れ件数	確認漏れ件数
	遂行上のリスク	検収間違い・検収漏れ	検査依頼漏れ	確認漏れ	確認漏れ
	業務区分				
	重要度				
	会計上の留意点				
2		納品伝票を受領し受領印を押して物品受領書をベンダー渡す	品質保証部より検査結果を受けとる	部材出庫指示を資材倉庫用ピッキングリストに展開する	資材課購買Gへ欠品部材の情報を連絡する（購買グループがベンダーへの納期確認督促をする）
機能内容(P・D・C・A)					
	インプット	納品伝票		部材出庫指示書	欠品部材情報
	アウトプット	物品受領書	検査結果	ピッキングリスト	欠品連絡
	関連プロセス				資材課購買G
	KPI（先行指標）	検収日付間違え件数	受入漏れ件数	展開ミス件数	連絡漏れ件数
	遂行上のリスク	受領印検収日付間違え	受取漏れ	展開ミス	連絡漏れ
	業務区分				
	重要度				
	会計上の留意点				
3		納品伝票処理をする（システムに入庫データを入力し、在庫計上する）	分類別部材置場へ部材を移動する	ピッキングリストに基づき部材を出庫する（先入れ先出し）※欠品が見つかった場合はD-1へ	資材課購買Gからベンダーの納期回答連絡書を受け取る
機能内容(P・D・C・A)					
	インプット	納品伝票	入庫部材	ピッキングリスト	
	アウトプット	入力済み入庫データ	置場移動済み部材	出庫済みピックリスト	納期回答依頼書
	関連プロセス				資材課購買G
	KPI（先行指標）	入力ミス・処理漏れ件数	置場間違い件数	出庫ミス件数・出庫時間	受取漏れ件数
	遂行上のリスク	入力ミス・処理漏れ	置場間違い	品目、数量間違い／遅れ	受取漏れ
	業務区分				
	重要度				
	会計上の留意点				

資　料

倉庫グループ	作成者		
E	F	G	H
棚卸	不流通品処理	廃却処理	部材置場管理
棚卸ミス件数	処理ミス・処理漏れ件数	処理ミス・処理漏れ件数	出庫時間 保管状態による仕損件数
棚卸ミス	処理ミス・処理漏れ	処理ミス・処理漏れ	出庫に時間がかかる 保管状態による仕損
実地棚卸計画書と倉庫配置図・担当部材を確認する	半期ごと期末に不流通品を確認する (システム上半年以上入出庫ない部材)	半期前の死蔵品データ部材使用製品を確認する	部材保管状態、部材置場レイアウトなどの問題点を発見する
実地棚卸計画書	不流通品在庫データ	半期前死蔵品データ	保管状態・レイアウト
確認済実地棚卸計画書	確認済み不流通品在庫	確認済み半期前死蔵品	問題点
確認漏れ件数	確認漏れ件数	確認漏れ件数	問題発見件数
確認漏れ	確認漏れ	確認漏れ	問題点に気づかない
流通品、死蔵品、棚卸除外品(預り品)の区分けをする	不流通の原因調査をする	使用可否の調査をし廃却品リストを作成する	グループミーティングで保管状態及び置場レイアウトの改善案を作成する
実棚原票	確認済み不流通品在庫	確認済み半期前死蔵品	確認済み保管状態・レイアウト
区分け	原因調査結果	廃却品リスト	改善案
	営業・技術・経理		
区分け間違い件数	調査漏れ件数	調査漏れ件数	改善提案件数
区分け間違い	調査漏れ	調査漏れ	よい改善案が出ない
物流停止状態のため緊急入荷品の物流許可申請をする ・生産必要部材 ・海外輸入部材	原因調査結果に基づき振替処理をする	使用不可死蔵品の廃却申請をする	部門長に改善案を提出し承認を得る
緊急入荷品	原因調査結果	廃却品リスト	改善案
物流許可申請書	振替伝票	廃却品申請書	承認済み改善案
	経理	経理	
検収漏れ・申請漏れ件数	処理漏れ件数	申請漏れ件数	承認件数
検収漏れ・申請漏れ	振替処理漏れ	申請漏れ	承認が得られない

業務（単位業務）	A	B	C	D
4	分類別部材置場へ部材を移動する ※重要保安部材の場合はB-1へ		システムに出庫データを入力し、システム上の在庫移動処理をする	
機能内容(P・D・C・A)				
インプット	入庫部材		出庫済みピックリスト	
アウトプット	置場移動済み部材		入力済み出庫データ	
関連プロセス				
KPI(先行指標)	置場間違い件数		入力ミス・処理漏れ件数	
遂行上のリスク	置場間違い		入力ミス・処理漏れ	
業務区分				
重要度				
会計上の留意点				
5			不流通在庫を出庫する場合は、品質保証部へ再評価を依頼する	
機能内容(P・D・C・A)				
インプット			不流通在庫	
アウトプット			長期保管再評価依頼書	
関連プロセス			品質保証部	
KPI(先行指標)			依頼漏れ件数	
遂行上のリスク			依頼漏れ	
業務区分				
重要度				
会計上の留意点				
6				
機能内容(P・D・C・A)				
インプット				
アウトプット				
関連プロセス				
KPI(先行指標)				
遂行上のリスク				
業務区分				
重要度				
会計上の留意点				

E	F	G	H
実地棚卸をする (在庫品員数確認)	振替不可品の死蔵品申請をする	申請承認を受けシステムに廃却品処理入力をする	改善を実施し各ベンダーへ改善への協力依頼をする
実棚原票 棚卸結果	原因調査結果 死蔵品申請書 経理	承認済み廃却品申請書 廃却品処理入力	承認済み改善案 協力依頼書
棚卸漏れ件数 記入漏れ・計上漏れ	申請漏れ件数 申請漏れ	入力ミス・処理漏れ件数 入力ミス・処理漏れ	協力依頼書発行件数 協力が得られない
棚卸結果を集計し実棚原票に記入する	申請承認を受けシステムに死蔵品処理入力をする	廃品業者へ廃却処理を依頼する	
棚卸集計結果 実棚原票	死蔵品申請承認 死蔵品処理入力	承認済み廃却品申請書 廃却処理依頼書	
記入ミス件数 記入ミス	入力ミス・処理漏れ件数 入力ミス・処理漏れ	依頼漏れ件数 依頼漏れ	
棚卸差異処理申請書を作成し経理へ回す	死蔵品置場へ移動する		
棚卸差異 棚卸差異処理申請書 経理	死蔵品 置場移動済み死蔵品		
申請漏れ件数 差異申請漏れ	置場間違い件数 置場間違い		

●資料 11　目標体系図（例：資材課倉庫 G）

目標体系図　　　　部署名　資材課倉庫 G

部門目標	目標（改善取組）	業務コード／業務名	成果指標
■在庫削減 資材倉庫回転日数 10 日以内 ■部材出庫方法改善及び安定供給 部材遅延による生産障害ゼロ	【目標1】 出庫方法の改善	A／部材の入庫	【成果指標1】 入庫ミス件数
		C／部材の出庫	出庫ミス件数 出庫遅れ件数
		D／欠品連絡	欠品連絡漏れ件数
	【目標2】 材料在庫削減	E／棚卸	【成果指標2】 棚卸ミス件数
		F／不流通品処理	不流通品処理ミス・漏れ件数
		G／廃却処理	廃却処理ミス・漏れ件数
	【目標3】 品質の向上	B／受入検査	【成果指標3】 検査漏れ件数
		H／部材置場管理	出庫時間 保管状態による仕損件数

資　　料

現状値	目標値	先行指標	現状値	目標値
		【先行指標１】		
		A１　検収間違え・検収漏れ件数		
		A２　受領印検収日付間違い件数		
		A３　納品伝票入力ミス・処理漏れ件数		
		A４　部材置場間違い件数		
		C１　出庫指示確認漏れ件数		
		C２　リスト展開ミス件数		
		C３　出庫ミス件数		
		出庫時間（１アイテムあたり）		
		C４　在庫移動入力ミス・処理漏れ件数		
		C５　評価依頼漏れ件数		
		D１　欠品部材確認漏れ件数		
		D２　欠品情報連絡漏れ件数		
		D３　納期回答連絡受取漏れ件数		
		【先行指標２】		
		E１　実棚計画確認漏れ件数		
		E２　棚卸品区分け間違い件数		
		E３　物流許可品検収漏れ・申請漏れ件数		
		E４　棚卸漏れ件数		
		E５　実棚原票記入ミス件数		
		E６　実棚差異処理申請漏れ件数		
		F１　不流通品確認漏れ件数		
		F２　原因調査漏れ件数		
		F３　振替処理漏れ件数		
		F４　死蔵品申請漏れ件数		
		F５　死蔵品処理入力ミス・処理漏れ件数		
		F６　死蔵品置場間違い件数		
		G１　死蔵品確認漏れ件数		
		G２　使用可否調査漏れ件数		
		G３　廃却申請漏れ件数		
		G４　廃却処理入力ミス・漏れ件数		
		G５　廃却処理依頼漏れ件数		
		【先行指標３】		
		B１　検査依頼漏れ件数		
		B２　検査結果受取漏れ件数		
		B３　部材置場間違い件数		
		H１　問題発見件数		
		H２　改善提案件数		
		H３　改善承認件数		
		H４　協力依頼書発行件数		

著者略歴

西村　聡（にしむら　さとし）

（公財）関西生産性本部主任経営コンサルタントとして活動後、独立。
近畿大学、大阪商業大学非常勤講師。経済学修士。
経営革新を目的とした戦略策定から業務プロセス改革を中心に生産現場革新、人事賃金制度構築、営業革新などの総合経営コンサルティングに従事。さまざまな業種の大企業から中堅中小企業のほか、医療福祉機関、学校法人などの経営革新に取り組んでいる。

著書
「役割等級人事制度導入・構築マニュアル」
「賃金の本質と人事革新－歴史に学ぶ人の育て方・活かし方」
「役割等級人事制度のための賃金設計実務講義」
「多様な働き方を実現する役割等級人事制度」
「職種ごとの事例でわかる　役割等級人事制度による病院の経営改革」
「同一労働同一賃金を実現する職務分析・職務評価と賃金の決め方」

ほか多数

職務分析・職務評価の基礎講座
同一労働同一賃金を実現するために

2019年12月 9 日　初版
2021年 4 月14日　初版 3 刷

著　　者	西村　聡	
発 行 所	株式会社労働新聞社	
	〒173-0022　東京都板橋区仲町29-9	
	TEL：03-5926-6888（出版）　03-3956-3151（代表）	
	FAX：03-5926-3180（出版）　03-3956-1611（代表）	
	https://www.rodo.co.jp　　pub@rodo.co.jp	
表　　紙	尾﨑　篤史	
印　　刷	株式会社ビーワイエス	

ISBN 978-4-89761-789-3

落丁・乱丁はお取替えいたします。
本書の一部あるいは全部について著作者から文書による承諾を得ずに無断で転載・複写・複製することは、著作権法上での例外を除き禁じられています。